Irmtraud Tarr

Resonanz als Kraftquelle

Irmtraud Tarr

Resonanz als Kraftquelle

Die Dynamik der menschlichen Begegnung

HERDER

FREIBURG · BASEL · WIEN

MIX
Papier aus verantwor-
tungsvollen Quellen
FSC® C083411

© Verlag Herder GmbH, Freiburg im Breisgau 2016
Alle Rechte vorbehalten
www.herder.de

Umschlaggestaltung: wunderlichundweigand, Stefan Weigand
Umschlagmotiv: © istock

Satz: Daniel Förster, Belgern
Herstellung: CPI books GmbH, Leck
Printed in Germany

ISBN 978-3-451-61385-2

Inhalt

Vorwort

»Nimm ab, wenn du da bist!«, »Du wolltest mich doch zurückrufen!«, »Kannst du später anrufen, ich muss gerade etwas Wichtiges erledigen!«

Das sind Sätze, die wohl jeder mehr oder weniger schmerzlich kennt. Sie haben eines gemeinsam: Sie erinnern uns an die Erfahrung, abgewiesen, ferngehalten, weggedrückt, abgeschoben zu werden. Auf die Frage »Ist jemand da?« bekommen wir heute nicht mehr selbstverständlich eine Antwort. Wir erwarten sie auch nicht. Vielleicht weil wir selbst auch oft nicht antworten. Ist es nicht paradox, dass wir trotz unzähliger Kommunikationsmöglichkeiten nicht mehr in einer antwortenden Welt leben? Oder vielleicht gerade deswegen.

»Die Welt ist eine große Cafeteria«, meinte Woody Allen. Wird unsere Welt immer lauter, dass wir einander nicht mehr zuhören? Wird unsere Gesellschaft immer einsamer? Sind wir zu Einzelkämpfern geworden? Geht es unterm Strich nur noch um den Einzelnen? Wer diese Einstellung vertritt, der wird den Ausdruck »Resonanz« (von lat. resonare »widerhallen, mitschwingen«), bekannt aus der Physik oder Musik, in einem zwischenmenschlichen Kontext erstaunlich finden.

Die These, die ich in diesem Buch aufstelle, lautet, dass wir zu dem werden, womit wir in Resonanz stehen. Unsere Identität entsteht nicht durch angestrengte Innenschau oder feste Konzepte wie (»Werde, der du bist!«), sondern indem wir uns fragen: »Womit stehe ich in Resonanz? Was bewegt, ergreift, berührt mich? Was verwandelt und führt über mich selbst hinaus?« Darüber hinaus ist Resonanz von großer Bedeutung für unsere Beziehungen zu anderen. Wir haben die Freiheit und Chance, einander zu beleben, indem wir uns mitschwingend, antwortend, empfangend, berührend begegnen und anstecken. Resonanz ist überaus wertvoll als Quelle der Selbsterkenntnis und der Freiheit. Und vielleicht gelingt es mit Resonanz, dieses »Unterm Strich zähle ich« zu überwinden und füreinander ein gutes Gehör zu entwickeln.

In der Physik bedeutet Resonanz, dass zwei Elemente mit einer ähnlichen Frequenz schwingen können. Resonanz entsteht, wenn ein schwingungsfähiges System durch eine Anregungsfrequenz nahe seiner Eigenfrequenz angeregt wird. Dies zeigt sich eindrücklich am Resonanzkörper einer Geige, der durch die schwingende Saite zu Schwingungen angeregt wird. Nicht nur die Musik lebt vom Zurück-Tönen, Mit-Tönen, von Einklang, Gleichklang, Widerhall. Auch wir Menschen. Ich beobachte sogar, dass sich heute eine seelische Landschaft auftut, die durch eine verzweifelte Suche nach sozialer Resonanz, Aufmerksamkeit und Anerkennung gezeichnet ist. Menschen wollen sich zeigen, um wahrgenommen zu werden, sie wollen ausdrücken, was in ihnen steckt. Sie verlangen nach Beachtung und Spiegelung von den anderen. Ohne Resonanz kann und will kein Mensch existieren. Die Resonanz mit all ihren Facetten, in der die Welt als antwortende, berührende, tragende, mitschwingende erlebt wird, ist grundlegend, da wir als Einzelwesen und Vereinzelte nicht überleben können. Deswegen ist Resonanz nicht Begleitmusik, sondern ein lebensspendendes Fundament, auf dem unser Leben spielt.

Resonanz existiert nicht nur als privates Phänomen im Dialog von Menschen, sondern fließt auch in gesellschaftliche Institutionen ein: Schulen, Universitäten, Krankenhäuser. Im Streik der Erzieherinnen, bei dem es um bessere Bezahlung ging, fiel immer wieder das Wort »Wertschätzung«. Das gilt für alle Berufe vom Taxifahrer bis zum Musiklehrer. Unsere Größe und unsere Schwäche hängen von unserem Bedürfnis nach Resonanz und Spiegelung in anderen ab. Wir benötigen einander als Resonanzkörper. Das gilt sowohl im Guten wie im Schlechten: Auch in unseren Feinden widerspiegeln wir uns, erhalten wir Resonanz. Auch sie sind Teil dessen, was uns ausmacht.

Für alle Lebenslagen gibt es reichlich Literatur, nur für eines wenig: den Umgang mit Resonanz (Rosa 2005). Natürlich existieren unzählige Ratgeber für Manager, Lehrer, Studenten, Frauen, Kinder, Verliebte, Verlassene. Unterm Strich geht es aber meist darum, wie wir am geschicktesten unsere Ziele erreichen. Zweckfreies Verhalten oder Tun scheinen nicht vorzukommen, allenfalls sind es Ratgeber zum Entspannen, um dann gut erholt neue Ziele erreichen zu können. Nicht das Verhalten selbst, sondern das Ziel soll glücklich machen.

Dieses Buch will etwas anderes. Es beleuchtet das Phänomen der Resonanz nicht zielführend, strategisch eingesetzt, sondern als etwas, das sich zwischen Menschen ereignet. Resonanz geschieht, wenn sich die seelischen Frequenzen zwischen Menschen annähern: im Miteinander, beim Lesen von Gedichten, beim Musizieren, beim Musikhören, in Galerien. Von klein auf begleitet uns dieses Resonanzbedürfnis. Es ist so menschlich und gleichzeitig so störanfällig. Nämlich dann, wenn wir einander als Mittel zum Zweck, als Ressource sehen und nicht als Gegenüber.

Man kann die Nase darüber rümpfen, dass die neuen Resonanzarenen, all die interaktiven Formate des Fernsehens mit ihren Talk- und Realityshows, die Chatrooms, Blogs und Smartphones, heute im sprichwörtlichen Sinn wie Pilze aus dem Boden schießen. Was früher nur den Mächtigen, Reichen, Schönen vorbehalten war, kann heutzutage jeder haben: sich öffentlich zeigen, gesehen werden und mit anderen in Verbindung treten. Bevor wir zeitdiagnostisch urteilen und bewerten, sollten wir besser verstehen, wie Menschen heute in Beziehungen leben. Und wie sie sich mit den Fragen auseinandersetzen: Wer bin ich? Wer will ich sein? Wie werde ich gesehen und wie sehe ich mich selbst?

Menschen versuchen, sich selbst zu vergewissern. Dahinter steht der Wunsch nach Kontakt, Begegnung und Rückmeldung – nach Resonanz. In der Erwartung, von anderen gesehen zu werden, zeigt man nicht nur, wie man ist oder gern sein möchte; man erhofft vor allem Antwort und Resonanz aus der Umwelt. Wir alle brauchen solche Antworten, weil wir Auskunft über uns selbst benötigen, weil wir ein »Jemand« sein wollen. Wir suchen und finden Resonanz, weil wir beachtet und gespiegelt werden wollen, um unsere Persönlichkeit zu entwickeln, zu gestalten und zu verändern. Resonanz ist persönlichkeitsbildend. Es trifft uns alle, deswegen klammere ich niemanden aus und kann nur sagen: Es ist von einem weiblichen Menschen geschrieben – für Menschen.

I
SEHNSUCHT
RESONANZ

Resonanz rettet

Die Welt heute ist ein lauter, schneller, medialer Ort geworden. Allgewaltig sind die Geräusche der Umwelt, der Lärm im Straßenverkehr und am Arbeitsplatz, das unaufhörliche, unentrinnbare Gerede der Menschen, das von den Medien unendlich verstärkt wird. Ganz zu schweigen von der entfesselten Kommunikationsflut, in der alles viel zu schnell geht, bei der man nur mitkommt, wenn man selbst mitrennt. Wir sind Teil dieser Lebenswelt, aus der wir nicht hinausfallen wollen. Es ist zwar unendlich viel möglich, aber es gibt keine Orientierung mehr. »Das musst du selbst entscheiden!«, sagen die Alten. »Keine Ahnung!«, »Weiß ich auch nicht!«, sagen die Jungen.

»Die Welt ist kalt, arschkalt«, seufzte ein Student. Steckt hinter diesem Seufzen nicht ein tiefer Wunsch? »Menschen bestehen darauf, das Beste wiederhaben zu wollen«, so drückt es der Philosoph Peter Sloterdijk aus (Sloterdijk 2007). Diesen Wunsch deute ich als tiefes Bedürfnis nach Resonanz. Wir sind nicht nur Objekte, sondern zugleich Subjekte dieses Wandels und wollen die eigene Sehnsucht nach einer Antwort, nach Anerkennung aktiv mitgestalten. Wir wollen nicht nur applaudieren, sondern auch selbst Beachtung und Resonanz finden, weil wir uns danach sehnen, getragen, gehalten und gewollt zu sein. Auch wenn wir mit der rasanten Beschleunigung und Modernisierung oft hadern und am liebsten das Rad der Geschichte zurückdrehen würden, so haben wir heute viel stärker als früher die Chance, unsere Begegnungen, Aufgaben, Dinge und Herausforderungen so zu gestalten, zu verändern oder neu zu entwerfen, dass wir Resonanzerfahrungen machen.

Resonanz ist lebenswichtig. Schneller als jedes Wort ruft es zum anderen: Ich bin da! Ich sehe dich! Ich höre dich! Ich spüre dich! Vielleicht fühle ich mich ähnlich wie du, die nur eine Stimme bräuchte nach einem langen, anstrengenden Tag. Wer auf das Gesicht, die ausgesprochene oder unausgesprochene Frage antwortet, stößt Resonanz an, die den anderen in einen Austausch lockt. Nicht nur der Chef ist wohlgelaunt, wenn seine Resonanzangebote erwidert werden, auch das Baby in der Kinderwiege strahlt, wenn plötzlich das Gesicht der Mutter erscheint. Jede Geste des Antwortens ist die unmissverständliche Aufforderung: Sei willkommen! Ich brauche dich! Ich mag dich! Spontan lächeln wir, wenn uns jemand anlächelt. Man müsste schon sehr aggressiv gestimmt sein, um nicht zurückzulächeln, weil Lächeln ansteckend ist. So wie jede Geste der Resonanz ein Element der Ansteckung enthält. Wer Resonanz schenkt, gibt nicht nur Zuwendung. Er heißt willkommen und beschwichtigt, weil Resonanz den anderen entspannt, weil wir Solidarität spüren. Ohne ein Wort ist klar: Du bist nicht allein!

Resonanz – was ist das?

In meinen Seminaren an der Salzburger Universität Mozarteum stellte ich meinen Studenten diese Frage. Ich zitiere einige ihrer Einschätzungen:

- »Wenn ich mit jemanden die gleiche Wellenlänge habe«
- »Wenn mehrere Gleichgesinnte Gedanken aussenden«
- »Wenn ich gehört werde«
- »Wenn wir uns konzentrieren auf das, was jetzt das Wichtigste ist«
- »Wenn ich mit jemandem eins werde«
- »Wenn ich für jemanden bete«
- »Wenn wir uns aufeinander einstimmen«
- »Wenn wir zusammen atmen«
- »Wenn wir im Chor gemeinsam singen«
- »Wenn wir über das Gleiche lachen«
- »Wenn wir einander beim Spielen finden und ›es‹ uns spielt«
- »Wenn ich nach meinem Auftritt einen unverhofften, anerkennenden Brief erhalte«
- »Wenn mir jemand sagt, wie mein Spielen nachgewirkt hat«
- »Wenn ich jemanden inspiriert habe, selbst zu spielen«
- »Wenn sich jemand nach einem gemeinsamen Essen bei mir herzlich bedankt«
- »Wenn mir jemand über die Schulter streicht, weil er meine Traurigkeit spürt«
- »Wenn ich berührt bin, weil etwas mich unmittelbar angeht und betrifft«
- »Wenn mich jemand liebt«

Vielleicht fallen Ihnen selbst spontan ein paar Resonanzerfahrungen ein. Der Soziologe Hartmut Rosa umschreibt sie treffend als »vibrierenden Draht zum Leben« (Rosa 2013). Sie werden erkennen, dass es diese Erfahrungen gibt, und dass sie Ihr Leben bereichern, auch wenn sie nicht mess- und rechenbar sind. Resonanz ist das, was wir vor allem brauchen – für Körper, Geist und Seele.

Fällt Ihnen nichts ein, so erinnern Sie sich vielleicht, was Resonanz einmal für Sie war: das erlösende Gespräch, das Ballspiel auf der Wiese, die warme tröstliche Hand, der Duft, der Ihnen die Sinne raubte, der warme Sonnenstrahl auf der Haut, der Freund, der im richtigen Moment anruft. All das ist Resonanz, die uns füreinander und das Leben wärmt. Weil wir spüren, wir brauchen sie.

Es tut gut, sich an Resonanzerfahrungen zu erinnern, wenn neue noch nicht oder nicht mehr spürbar sind, wenn Wunden schmerzen oder vernarbte Wunden sich wieder melden. Weshalb? Um sich zu vergegenwärtigen, dass das Leben gütig, wärmend sein kann, auch wenn es momentan eher karg oder einsam ist.

Resonanz ist nicht zufällig ein musikalischer Ausdruck. Beim Musizieren, im Konzert werden Menschen berührt, ergriffen, weil Musik unser Innerstes betrifft, weil die Macht des Klanges uns vom ersten Moment unseres Lebens an aufhorchen ließ. Ob wir musikalisch oder unmusikalisch sind, wir sehnen uns nach Resonanz, die etwas in uns zum Klingen bringt. Ob im Theater, im Film, in Kunst und Natur oder im Dialog mit anderen Menschen. Wir sehnen uns nach Erfahrungen, die uns mit diesem tiefen inneren Ort verbinden, der uns die Welt als antwortende, atmende, berührende erleben lässt, wodurch wir zeitweise das Gefühl des inneren und äußeren Getrenntseins verwischen und abmildern können. Wir fühlen uns belebt, alles Festgefügte verflüssigt sich. Die Grenzen der Dualismen, in denen wir existieren, werden durchlässig: die von Ich und Welt, von Innen und Außen. Wir sind nicht mehr getrennt.

Warum berühren uns solche Erfahrungen, die uns mitschwingen lassen? Musiker nennen sie – voreilig oder nicht – die bessere Welt. Jeder von uns kennt sie, und nicht nur in besonderen Zeiten, auch im Alltag, beim Waldlauf, wenn die Bäume zu uns sprechen, wenn wir eins werden mit dem perkussiven Klang fallender Regentropfen, wenn wir am Strand eine Sandburg bauen, die Stille einer Kirche in uns aufnehmen oder abends bei einem Glas Rotwein Frieden mit der Welt schließen. Bei all dem sind wir sowohl außen als auch innen ganz nahe bei uns selbst. Da brauchen wir nicht das modisch strapazierte Wort »Selbstverwirklichung«, weil wir darüber nicht mehr nachdenken müssen, wenn Innen und Außen miteinander eins werden. In einem Zwischenbereich, in dem sich Realität und Fantasie, Wirklichkeit und Illusion miteinander verbinden. Der Kinderanalytiker D.W. Winnicott nennt ihn »den Übergangsraum«, der uns für Resonanzen empfänglich macht, sowohl für die eigenen als auch für die von außen.

Haben wir nicht alle schon einmal die Feststellung gemacht, dass solche Erfahrungen einem das Vertrauen in das Rettende wieder schenken? Wie jene kleinen Zettel, die wir einander zuschieben, auf denen steht: »Es wird alles gut!« oder »Du schaffst das!« oder »Ich denk an dich!« oder »Ich bete für dich!«.

Jemand erinnert sich: »Ich stürzte – ein anderer half mir wieder auf die Beine.« Er spricht nicht nur von der Anständigkeit, die uns immer wieder überrascht und beglückt, sondern auch von der Erfahrung, dass es zu allen Zeiten und trotz allem erstaunlich viel Resonanz gibt, auch wenn wir fallen.

Das Beste wiedergewinnen

Vom Anfang unseres Lebens an geht es um Resonanz, die uns schon aufhorchen ließ, bevor wir überhaupt das Licht der Welt erblickten. Dieses frühe innere Horchen im mütterlichen Kosmos verband uns mit dem Beat der Mutter, ihren Rhythmen und Gefühlsschwingungen. So begann unser erstes Willkommen in dieser warmen Urhöhle der Resonanz. Dann der erste Schrei in einer Welt, die plötzlich ruhig war, die das Neugeborene in die Arme der Mutter trägt, die mit ihrer Stimme, ihren Blicken und Berührungen antwortet. Es sind die Schwingungen ihrer Stimme, ihr Flüstern, ihr Lauschen und Streicheln, die dem Kind fühlen lehren, dass da jemand ist. Und dass es Wärme, Verlässlichkeit und Resonanz gibt.

»Gut, dass ich da bin«, klingt die Resonanz auf die bergende Zuwendung der Mutter, würde man sie in Worte fassen. Auch die Mutter fühlt sie: »Gut, dass ich da bin.«

Dieses glückselige Mantra empfinden auch Liebende, Verliebte und Freunde, wenn sie einander fühlend erreichen und Resonanz schenken. Gut, dass ich da bin. Gut, dass du da bist. Gut, dass da jemand ist. Gut, dass es uns gibt.

Jedes Kind braucht seine Eltern als Resonanzkörper. Im Austausch mit ihnen erlebt es ein bewegtes, erregendes Wechselspiel zwischen Erwartung und Befriedigung, Spannung und Entspannung, Frage und Antwort. Entsteht Gleichklang, so genießen beide diese genussvolle Bestätigung. Eine Bestätigung, die nicht unterscheidet oder rechnet, wer zuerst gibt und wer zurückgibt. Beide geben und nehmen zugleich, all das, was sie einander geben können. Obwohl in diesem Resonanzkosmos die Rollen höchst ungleich verteilt sind – hier das abhängige Kind, dort die erwachsenen Eltern –, lernen beide miteinander dieses Spiel der Resonanzen mit dem richtigen »Timing« und dem passenden »Matching« aufeinander abzustimmen.

Hier fallen Entscheidungen mit anhaltender Wirkung. Ob nun Atmosphären von Einklang und Gleichklang oder von Dissonanz und Chaos zu Grundatmosphären des Kindes werden, oder ob Gefühle von Vertrauen und Sicherheit, Angst und Unberechenbarkeit, Selbstgewissheit oder Zweifel zu Grundstimmungen werden, das hängt davon ab, wie einfühlsam die Resonanz der Stimmen, Blicke, Berührungen zwischen beiden hin- und herpendeln.

Schon kleine Kinder können unterscheiden, ob die Resonanz auf das, was sie brauchen, liebevoll oder mechanisch ist. Erleben sie immer wieder, dass ihnen versagt wird, was sie brauchen, so entsteht nicht nur Leere, sondern auch Unsicherheit und Angst. Aus der Befriedigung dieser ganz elementaren Bedürfnisse nach Nahrung, Pflege und Beachtung speist sich das Grundgefühl von resonanter Liebe, deren Melodie ganz schlicht lautet: Ich bin getragen, gehalten, gewollt. Aus dieser Resonanz baut sich letztlich das auf, was wir unser »Identitätsgefühl« nennen. Ich bin jemand, nicht nur für mich, auch für die anderen. Diese Grundnahrung hinterlässt ihre Spuren so tief in unseren Gedächtnisspeichern, dass wir darauf bestehen, »das Beste wiederhaben zu wollen« (Sloterdijk 2007). Dieser Wunsch bleibt nicht nur als Sehnsucht, sondern auch als Gewissheit, den Herausforderungen des erwachsenen Lebens gewachsen zu sein. Weil wir früh gelernt haben, dass wir mit der Resonanz der Mitwelt rechnen dürfen.

Schaut mich an!

*Es ist ein entscheidender Unterschied, ob Menschen
sich zu anderen als Zuschauer verhalten können,
oder ob sie immer Mitleidende, Mitfreudige,
Mitschuldige sind: Diese sind die eigentlich Lebenden.*

(Hugo von Hoffmannsthal 1949)

Diesem Satz von Hugo von Hofmannsthal kann ich nur zustimmen. Wenn andere mir nicht sagen, wer ich bin, werde ich es nicht wirklich wissen. Nicht nur in unseren Freunden, auch in unseren Gegnern spiegeln wir uns wider. Freunde wie Gegner verkörpern, wohin wir gehören. Sie sind unsere Spiegelbilder, wenn auch mitunter verzerrte. Ein junger Mann beschreibt es so: »In mir gärt und brodelt so vieles, was ich den anderen zeigen will. Ich halte es einfach nicht aus, all das in mir zu verschließen. Mein Leben ist eigentlich ein ständiges: Schaut mich an, so bin ich! So möchte ich sein! Nehmt mich wahr, nehmt mich ernst und reagiert endlich auf mich!« Dieses Bedürfnis, sein Inneres nach außen zu wenden, scheint unserem Zeitgeist zu entsprechen, der die höchsten medialen Verstärkungen erfährt. Es scheint, als lebten wir in einer Arena der Beachtungskämpfe, in der jeder in der Hoffnung auf ein Höchstmaß an Resonanz schreit: Beachtet mich! Schaut her! Vergleichbar mit einer Party, auf der jeder schreit, sodass man nur noch lauter schreien kann. Fast jeder kann heute die zahllosen Spiel- und Resonanzräume der Kommunikationsgesellschaft nutzen, um sich zu zeigen und »Response« zu erhalten.

Oberflächlichkeit, Flüchtigkeit, Flachheit werden dieser Entwicklung angelastet. Auf der anderen Seite stehen: Individualisierung, Mediatisierung, Digitalisierung, Beschleunigung, so spiegeln sich in den Individuen letztlich genau die Anforderungen an Beweglichkeit, Kommunikationsbereitschaft und Selbstinszenierung, die heute erwartet werden. Sie wirken sich nicht nur auf die Beziehungen nach außen aus, sondern auch auf die intime Beziehung des Einzelnen zu sich selbst.

Insofern interessiert mich nicht so sehr die allgemeine Abhandlung dieser Phänomene, sondern vielmehr das Einzigartige daran, wie sich Menschen heute ihre Welt kreativ aneignen, wie sie ihre Beziehungen gestalten und sich mit ihrem Bedürfnis nach Begegnung und Resonanz Wege bahnen. Man tut dem Einzelnen Unrecht, wenn man alles zu einem Trend macht. »Was bleibt mir anderes übrig als mein Blog, wenn ich meine Gedanken mit anderen austauschen möchte? Musiker brauchen ihr Publikum. Und jeder, der ein Instrument spielt, weiß doch, wie das Üben langsam verpufft, wenn es nur im stillen Kämmerlein stattfindet.« So erlebt es ein Lehrer. Oder man stelle sich vor, jemand improvisiert nur in seinem Studio und scheut das Zusammenspiel mit anderen. Allein die Enge des Raums und der fehlende Dialog mit anderen, die seinen Horizont erweitern und seine Kreativität stimulieren, bedeuten eine erhebliche Einschränkung gegenüber anderen, die sich gemeinsam im öffentlichen Freiraum, in der Kneipe, am Marktplatz zeigen. Maler, Designer, Architekten brauchen die Augen ihrer Betrachter. Und ein Schriftsteller schreibt doch letztlich auch für seine Leser.

Es muss nicht exhibitionistisch oder narzisstisch sein, wenn Menschen sich zeigen wollen. Selbst wenn sie sich dabei verkleiden, verschönern, verstellen oder irgendwie anders darstellen, als wir es von ihnen gewohnt sind. Zunächst einmal steckt darin die Neugier und Vorfreude, wie die anderen wohl reagieren werden. Wohl jeder braucht in irgendeiner Form solche Antworten, um sich zu orten und Rückmeldung zu erhalten, um dazuzugehören und etwas über sich zu erfahren. Statt diesen Wunsch abzuwerten, geht es wohl eher darum, das richtige Verhältnis zwischen Innen und Außen, zwischen Offenheit und Abgrenzung abzuwägen. Wir brauchen Spiegelbilder, um uns zu gestalten, um ein »Jemand« zu werden.

Resonanz ist mehr als Echo

Kennen Sie dieses Phänomen? Sie sind in den Bergen und rufen etwas laut gegen eine weit entfernte Bergwand? Dann hören Sie bestimmt Ihr Echo. »Wie heißt der Kaiser von Wesel?« – »Esel.« »Was essen die Studenten?« – Na?

Echo ist etwas anderes als Resonanz und nicht damit zu verwechseln. Ein Echo ist keine wirkliche Antwort. Wenn wir jemandem ein Echo geben, so geben wir das zurück, was er ausgesendet hat. Vergleichbar mit dem Ball, der auf ein Hindernis trifft und wieder zurückprallt. Zwei treffen sich: »Wie geht es dir?«

Der andere antwortet: »Und dir?«

Statt Antwort wird hier lediglich ein Echo gegeben und dann weitergeredet, als wäre die Frage nicht der Antwort wert. Im übertragenen Sinn gibt das Echo nur zurück: »Ja genau!«, »So ist es!« Wie der Daumen im Internet, der nur »like« oder »not like« kennt. Mag ich! Mag ich nicht! Diese Äußerungen sind aber keine Antworten, sondern allenfalls Reaktionen oder Kehrtwendungen, die den anderen vernehmen, registrieren, bestätigen oder im negativen Fall abprallen lassen.

Echos sind statisch. Resonanz ist dynamisch, schwingt mit, breitet den Klang aus und verstärkt ihn. Je nachdem, wie ein Resonanzkörper beschaffen ist, verstärkt sich der Klang. Wenn Sie beispielsweise eine Spieluhr an Ihren Kieferknochen halten, so hören Sie die Musik viel lauter. Weil da nicht nur Luft, sondern auch ein Körper mitschwingt.

Resonanz sucht die Passung und Angleichung mit einem anderen, der mitschwingt. Sie schwingt sich auf ihn ein, auf das, worauf er anspricht, was er einordnen und verstehen kann. Dies bedarf einer gewissen Einfühlung. Und das ist weit mehr als ein bloßes Echo. Resonanz geschieht, wenn ich den anderen so in mir wiederfinde, als ob er ein Teil von mir wäre. So geschieht geteilte Wirklichkeit, die zu Kontakt, Begegnung oder gar Beziehung führt. Ein anderer, den ich wahrnehme, spielt, wie der Neurowissenschaftler Joachim Bauer (2006) sagte, genau auf dieser Klaviatur des Aufeinander-Einstimmens. Man kann Resonanz nicht einfordern, machen oder instrumentalisieren, sie geschieht.

Eine Ehefrau schreckt auf, weil sie ihren Mann früher als sonst heimkommen hört. An seinen festen Schritten erkennt sie ihn und an der Art, wie er die Treppen steigt, spürt sie seine merkwürdige, innere Unruhe. Es wird doch nichts passiert sein, denkt sie besorgt. Er grüßt sie flüchtig, sie schaut ihn an: »Magst du jetzt reden?«

Er sagt: »Ich komme vom Arzt!«

An diesem Beispiel kann man ablesen, wie selbst feine Nuancen in der Motorik, Mimik, Gestik und situative Konstellationen zugeordnet und auf die eigenen Gefühle und Erkennungsmuster bezogen werden können. Diese Resonanzen führen zu intuitiven Rückschlüssen auf die Befindlichkeit ihres Ehemannes. Weil sie ihn intuitiv und verstärkt durch körperliche Resonanzen erfasst, ist sie alarmiert und kann ihn »orten«.

Manchmal genügt es, wenn eine vertraute Person unseren Namen auf eine bestimmte Art ausspricht. Dann wissen wir intuitiv, dass es eigentlich bedeutet: »Hier bin ich, wo bist du?« Noch verstärkt in einer Liebesbeziehung, in der man allein daran, wie der andere den eigenen Namen ausspricht, spürt, ob man geliebt wird, ob man den anderen irritiert, ob er Angst um einen hat, oder ob er Abstand braucht und allein sein will.

Ähnliches erleben wir, wenn wir Gäste empfangen. Sind sie uns bekannt, so strecken wir ihnen die Hände entgegen oder umarmen sie. Sind sie uns fremd, so begrüßen wir sie distanzierter. Unsere neuronalen Netzwerke reagieren also nicht statisch auf Menschen oder Situationen, sondern sie schwingen koordiniert mit Umweltreizen mit, wenn es Entsprechungen zu bereits vorgebahnten neuronalen Mustern gibt.

Jemand ist auf einem Fest und weiß sofort, dass da eine Person ist, die sein Herz in Wallung bringt. Plötzlich steht er ihr gegenüber, leicht verlegen und ziemlich aufgeregt. Er spürt, »das ist sie« – unter den vielen anderen. Zwischen ihm und ihr beginnt etwas zu schwingen, weil auch sie merkt, »da regt sich etwas«, das genau dem entspricht, wozu sie beide Resonanz haben: Es hat gefunkt. Was da hineinspielt, sind eigene Vorstellungen und soziale Erfahrungen – und eben Resonanz als Verstärkung einer bestimmten Option aus einer Fülle von Möglichkeiten. Dass solche herrliche Begegnungen stattfinden können, ist nicht nur ein Geschenk, sondern setzt auch bestimmte vorgebahnte Muster voraus sowie eine Bereitschaft und Offenheit für den überspringenden Funken.

Ähnliches erleben wir, wenn wir mit unserem Partner streiten. Wie oft wünscht man sich jemanden herbei, der das mit anhören könnte. Man ist sicher, dieser Zuhörer würde bestimmt auf der eigenen Seite stehen. Warum? Weil wir uns nach jemandem sehnen, der uns Resonanz gibt und uns in unseren Argumenten verstärkt. Und wenn es diesen Verstärker nicht gibt, dann bleibt ja immerhin noch: »Nicht nur ich, auch deine Mutter sagt das auch immer!« Und wenn das nicht genügt, gibt es ja immer noch die Freunde als Bekräftigung: »Wenn du mir schon nicht glaubst, dann frag doch mal unseren Freund. Der wird es dir schon sagen.«

Natürlich ist diese Art des Resonanzeinsatzes ein listiger Schachzug. Aber letztlich dient er dazu, sich zu behaupten, die eigene Identität zu stärken, um sich nicht beherrschen oder vereinnahmen zu lassen. Und mit gestärkter Identität kann man auch wieder neu aufeinander zugehen.

Spieglein, Spieglein macht Resonanz

Im Zug nach Salzburg, wie immer tief versunken in meine Lektüre, geschieht es: Gegenüber von mir fängt einer an zu lachen, dann ein anderer, und wieder einer. Keine Ahnung, worüber sie so herzhaft lachten, aber plötzlich war es aus mit der Konzentration. Nicht nur bei mir, auch die anderen stimmten ein in ein fröhliches Prusten. Lachen ist ansteckend! Interessanterweise sogar ansteckender als negative Geräusche wie Schreien oder Erbrechen, wie Forscher des University College London in einer Langzeitstudie herausfanden (Steptoe/Roux 2008).

Was hat das mit Resonanz zu tun? Die Hirnforscher würden wahrscheinlich sagen: Die Spiegelneuronen haben uns zum Mitlachen verführt. Diese speziellen Nervenzellen, die es ermöglichen, uns in die Lage anderer zu versetzen und deren Handlungsmuster nachzuvollziehen. Sie spiegeln das Verhalten anderer in unserm Gehirn und lösen die gleichen Handlungen oder Gefühle bei uns selbst aus. Für sie ist es also ein und dasselbe, ob wir Handlungen bei anderen beobachten oder sie selbst ausführen. Möglicherweise bildet diese Fähigkeit sogar das Fundament für Mitgefühl und Resonanz.

Allerdings ist es nicht so einfach. Wenn ein Freund weint, geht mir das nahe. Aber nicht, weil meine Spiegelzellen das Weinen passiv spiegeln, sondern weil wir einander mögen und verstehen, und weil meine eigene Geschichte hineinspielt, da ich vielleicht selbst gerade nahe am Wasser gebaut bin. Komplexe Gefühle wie Anteilnahme lassen sich also nicht einfach auf ein paar Spiegelzellen reduzieren. Viele Hirnregionen spielen da zusammen, und viele Netzwerke und Cluster sind beteiligt, vergleichbar mit einer Sinfonie mit großem Orchester, bei der viele Instrumente einen vielfach gegliederten und doch einheitlichen Klang erzeugen.

Wenn ich zu jemandem sage, »Ich fühle deinen Schmerz«, so stimmt das. Aber ich fühle meine emotionale Reaktion auf seinen Schmerz und nicht den Schmerz selbst. Wir verstehen die Gefühle anderer aus persönlicher Sicht, als würden sie uns selbst widerfahren. Ähnlich einem Rezept, dem wir unsere eigenen persönlichen Zutaten hinzufügen.

Unser erster Impuls im Leben ist die Resonanz auf die Schwingungen des Gehirns unserer Mutter. Wissenschaftler der Universität Arizona (Schwartz et al. 1998) fanden im EKG heraus, dass die Hirnwellen von Mutter und Kind, solange sie zusammen sind, miteinander synchron schwingen. Hieße das, wenn wir wertschätzend, freundlich oder liebend nahe beieinander wären, mit Freunden oder auch mit Fremden, würden unsere Hirnwellen wie im Tandem zu schwingen beginnen?

Viele Psychologen und Neurowissenschaftler gehen davon aus, dass diese Spiegelneuronen zumindest Andeutungen unseres Einfühlungsvermögens repräsentieren – die Fähigkeit, in den Schuhen eines anderen zu gehen. Aber noch wissen wir nicht genügend über das wahre Wesen dieser Spiegelzellen. Es ist wahrscheinlich, dass unsere Gehirne, je näher wir uns stehen, sich gegenseitig ein Leben lang aufeinander abstimmen – im Guten wie im Schlechten. Vielleicht ist unser Sozialverhalten doch ameisenartiger, als es uns lieb ist. Immerhin wissen wir heute, dass der entscheidende Stimulus für die Motivationssysteme unseres Gehirns die Resonanz und Zuwendung anderer ist. Trotz der Neigung, anderen eine Nasenlänge voraus zu sein, zu konkurrieren, sich dem gnadenlosen Fitnesswahn hinzugeben, wollen wir doch eher dorthin, wo wir wie Resonanzkörper füreinander Verbundenheit spüren. Wo wir wie Stimmgabeln schwingen, wenn die Wellenlängen stimmen. Denn mit Resonanz, das begreifen wir Schritt für Schritt, begann unser Leben, das uns mit unserer Mutter, uns selbst und der Welt um uns herum verband.

Mitfühlende Resonanz

Ich erinnere mich an Kati, ein 10-jähriges Mädchen, das früher zu mir in die Praxis kam. Sie »flippte« immer wieder aus, so nannte sie selbst ihren Zustand des schrillen Gereiztseins. In solchen Momenten fühlte ich mich oft wie eine Zauberin, weil es mir immer wieder gelang, sie mit meinen Klängen am Klavier oder am Kontrabass aufzufangen. Erst später realisierte ich, dass ich durch meine Musik so etwas wie ein Metronom für ihre Hirnwellen war – die Spiegel ihres Bewusstseins –, indem ich mich auf sie einschwang und das Tempo für die Resonanz zwischen uns beiden fand. Unsere beiden Hirnwellenmuster koordinierten sich, wurden synchron, und irgendwann ergab es eine gemeinsam schwingende Wellenbewegung im gleichen Takt. Wann immer es gelang, Resonanz im Raum zwischen uns herzustellen, wurde sie sofort friedlich und sogar anhänglich. Hirnforscher würden das dahingehend interpretieren, dass eine Synchronisation zwischen unseren beiden Gehirnen stattgefunden hat.

Sich für jemanden zu öffnen und eine Verbindung herzustellen, wie das zwischen Mutter und Kind ganz selbstverständlich geschieht, schafft einen neuronalen Resonanzeffekt, der fühlen lehrt, was es heißt, geborgen zu sein. Diese Art der Resonanz kann es mit jedem geben, nicht nur mit unseren Kindern und geliebten Nächsten. Wir sind von unserer Ausstattung her derart abgestimmt und eingespielt auf die emotionalen Zustände anderer, dass unser Gehirn in ständiger Bereitschaft ist, mit anderen mitzuschwingen. Unser limbisches System, bekannt als »Fühlgehirn«, ist dafür da, nicht nur unsere eigenen Gefühle ständig aufzugreifen und zu interpretieren, sondern auch die der anderen. »Limbische Resonanz«, wie es die UCSF-Psychiater (Lewis/Amini/Lannon 2000) bezeichneten, beschreibt diese Situation, wenn wir uns nicht nur spiegeln, sondern miteinander verschmelzen und im gleichen Takt schwingen. Die Max-Planck-Forscherin Tania Singer, die das Geheimnis der Resonanz in unseren Gehirnen erforscht, hat in vielen Versuchen mit der funktionellen Magnetresonanztomografie belegt, wie wir emotional mitschwingen, wenn beispielsweise ein anderer neben uns leiden muss. Sie unterscheidet zwischen kognitiver und emotionaler Empathie. Kognitive Empathie ist das Wissen darum, dass der andere leidet, verbunden mit einem Bedauern. Emotionale Empathie hingegen ist in der Lage, wirklich mitfühlende Resonanz zu geben, bei der jene neuronalen Netzwerke aktiviert werden, die auch den eigenen Gefühlen zugrunde liegen. Nur wenn man wirklich mitfühlt, ist man auch bereit, anderen beizustehen und zu helfen. »Das muss sehr schlimm für dich gewesen sein«, sagt eine Frau zu einem weinenden Mädchen, das von Klassenkameradinnen geschlagen wurde, worauf sie erwidert: »Endlich merkt das mal jemand.« Manchmal genügt ein Satz und der andere fühlt sich aufgefangen und erkannt. Allerdings sei zu viel Resonanz in einem solchen Fall kontraproduktiv, meint Tania Singer, da man selbst so belastet ist, dass der gegenteilige Effekt entsteht: Man reagiert mit Rückzug oder gar Aggression. Sie plädiert deshalb für ein warmes, zugewandtes Gefühl der Anteilnahme und der Fürsorge (»compassion«), nicht nur für den anderen, auch für sich selbst. Anstelle von Mitleid, das den anderen als schwach und bemitleidenswert sieht, plädiert sie für Mitgefühl unter Anerkennung dessen, was der andere ist und kann. Kurz gesagt: Gelingt es, bei sich zu bleiben und gleichermaßen fürsorglich beim anderen zu sein, so profitieren beide.

Resonanz suchen

Ein Jurist plagte sich mit einem schweren Konflikt, der ihn derart belastete, dass er erwog, frühzeitig in den Ruhestand zu treten. Am meisten belastete ihn seine zunehmend pessimistische Lebenseinstellung und eine um sich greifende Gefühlskälte, die ihn erschreckte. Ein freies Wochenende bot sich an. Er nutzte es, um auf einen Berg zu wandern und über seine Situation in aller Ruhe nachzudenken. »Ich fühle, dass es kommen wird«, dachte er. Plötzlich kreuzte eine Katze seinen Weg, schaute ihm tief in die Augen. Ihm war, als würde ein menschliches Gesicht aus ihr herausschauen und mit ihm sprechen. Sie folgte ihm ein Stück des Weges, da sprach es aus ihm: »Ich werde schlimm enden, wenn ich so weitermache.« Plötzlich war die Antwort da.

Zu Hause angekommen sagte er zu seiner Frau: »Ich habe eine Antwort bekommen. Eine Katze hat sie mir gegeben. Nun weiß ich, was ich zu tun habe.« Wie lässt sich solch eine Erfahrung erklären? Ist dieser Jurist besonders medial veranlagt? Oder projiziert er sein unbewusstes Wissen in diese Katze? Hatte er durch die Verbindung »Natur und Katze« Zugang zu einem Wissen, das ihm im Alltag bisher verborgen blieb?

Was er wohl tief in seinem Inneren geahnt hatte, wurde durch dieses Zusammenspiel von Stille, Begegnung und Natur greifbarer für ihn. Irgendetwas war in ihm zum Klingen gebracht worden, sodass er plötzlich sagen konnte: »Ich habe die Antwort.«

Wir ahnen, dass wir etwas ändern oder tun müssen, und durch die Stille oder einen Wink von außen wird plötzlich etwas in uns zum Schwingen gebracht und wir wissen intuitiv, was zu tun ist. Dies empfinden wir als Resonanz mit etwas Unfassbarem, wofür wir kaum Worte finden. Auch unsere Gefühle sind schwer zu kommunizieren, weil sie alle irgendwie fließend, schwammig sind, ohne dabei unverständlich zu sein. Warum? Weil sie Bewegung, Lebendigkeit, Wandel sind, ähnlich wie die Liebe, die wir nur erfahren, wenn wir uns hingeben und lieben. Wir können sie nicht greifen oder anfassen, weil sie ein Dazwischen ist. Wir können sie nur erleben oder erahnen. Wie die Wale im Meer. Nicht nur die Liebe, selbst die Fortschritte in der Logik und Informatik verdanken sich so etwas Unbestimmtem wie dem Gespür, der Intuition, der »Nase«, der Resonanz zu neuen Lösungen.

Zurück zur Erfahrung des Juristen. Seine spontane Erkenntnis war weder in der Katze noch in ihm, sondern entstand als Resonanz mit einer Wirklichkeit, in der Natur, Katze und Mensch zusammenwirkten und in ihm in einen Einklang kamen. Was zeigt diese Erfahrung? Dass unser Ichbewusstsein nur ein sehr begrenzter Teil des Bewusstseins dieser Welt ist. Eine Anschauung, die wir bisher nur von den Religionen her kennen. Das heißt, nicht jedes Wissen existiert nur in unserem Inneren.

Die Tiefenpsychologie weiß schon lange, dass wir in Organisationen, Familiensystemen leben, in denen die Bewusstseinsarbeit und die Veränderung eines Einzelnen die anderen in der Gruppe beeinflussen. Wie soll man sich dieses Wissen vorstellen? Ist es irgendwo im Weltall abholbereit und wartet nur darauf, dass jemand es aufgreift? »Alles ist mit allem verbunden, und deshalb wirkt alles auf alles ein«, das war die Erkenntnis von Buddha vor über 2000 Jahren.

Die Frage lautet also: Was wirkt? Es geht um das Dazwischen, die Veränderung, das Prozesshafte, die Verbundenheit – um Resonanz. Wir enden nicht mit unserer Außenhaut, wir sind unendlich verbunden und verstrickt mit unserer Umwelt. Resonanz wird in dieser Perspektive vom Substantiv »die Resonanz« zu einem Verbum, einem Geschehen, das sich zwischen uns ereignet, als Beziehung, Bewegung, an der wir mitbeteiligt sind. Wir können uns für diese Resonanz sensibilisieren, indem wir innehalten, in die Stille gehen, unsere Fragen stellen und lauschen. Lauschen ist eine höchst bedeutsame Einstellung, weil sie nicht zielgerichtet ist, sondern alle möglichen Nebentöne und Zwischentöne mithört.

Resonanzen wollen erahnt, gespürt, erhascht werden wie die Sterne bei Nacht. Wie schon der Kunsthistoriker Heinrich Wölfflin (Wölfflin 1899) bemerkte, kommt es darauf an, »ruhig den Dingen ihr Geheimnis abzulauschen«. Wir würden viele unserer Ängste verlieren, wenn

wir uns verbinden mit dem Wissen, das zu uns spricht –
in den Blicken, den Farbenspielen, den Wesen, den Steinen. All das wächst mit der Zeit zusammen wie zu einem
großen Resonanzorchester, in dem Wissen, Ahnung, Intuition zusammenklingen und uns zu dem machen, wer
wir sind.

II
RESONANZ –
EINANDER
BEGEGNEN

Einander Bedeutung schenken

Begegnungen schenken Wärme. Nicht nur wegen der Resonanz, die sich aufbaut, wenn wir einander wirklich begegnen. Blicke, Worte, Gesten, Berührungen, die beide erreichen – im Vielfachsinn des Wortes »erreichen« –, verflüssigen etwas in uns, sodass wir als andere auseinandergehen, als die wir zusammengekommen sind. Warum wir uns danach so viel besser, optimistischer, selbstbewusster fühlen, hat nicht nur mit den Glückshormonen zu tun, sondern mit dem Spiel innerer Veränderung, das auf beide zurückwirkt, wenn sie sich aufeinander beziehen. Begegnungen entstehen ja nicht, weil wir Worte wechseln, sondern weil wir Gefühle austauschen, Intimität schaffen und Wärme aufbauen. Weil wir einander Bedeutung schenken.

Da trifft der korrekt angezogene, angestrengte Bankangestellte auf eine leichtfüßige, lächelnde Kundin, die ihn mit einem pfiffigen Spruch überrascht. In Sekundenschnelle entspannen sich seine Kiefermuskeln, er grinst sogar ein bisschen unbeholfen, während er ihrem wippenden Gang hinterherschaut. Eine Mini-Liebesgeschichte am helllichten Tag – und so etwas in einer nüchternen Bank!

Was ist das Geheimnis einer gelungenen Begegnung? Man könnte andächtig werden und allen Analysen trotzen, am liebsten würde man es poetisch einfangen. Wie ein Netz breitet es sich aus, geknüpft aus Sonnenstrahlen, Lichtfäden, Sternschnuppen, Blitzen, Luft und Wind. Ein Netz, das zugleich Geborgenheit und Weite ausstrahlt. Man fühlt sich gastlich, wohnlich. Man ist nicht allein.

Selbst das Zwiegespräch ist nicht nur ein Gespräch mit zweien, es ist ein Gespräch mit vielen. Man bringt ja nicht nur seine eigene Stimme mit, sondern auch die Stimmen, Klänge vieler anderer aus persönlicher Biografie, Vergangenheit, Gegenwart und Geschichte, die da mitreden. Deswegen spricht man vom »Polylog« (Petzold 2004), was eigentlich früher die Funktion des nächtlichen Lagerfeuers war, bei dem man einander erzählte, sich austauschte – einander »Fellpflege« schenkte. Letztlich ist jeder schon für sich selbst ein Akkord vieler Stimmen. Diese Stimmen sind es, die beim anderen unweigerlich Resonanzen erzeugen.

Wenn sich zwei Menschen begegnen, entsteht eine seelische Verbindung, die in ihrer Dichte, Tonlage, Atmosphäre, Intimität einzigartig und unverwechselbar ist. Man könnte sagen, jede Begegnung hat ihre eigene Seele – als Chiffre für die Einmaligkeit ihres Denkens und Fühlens und deren gemeinsamen Zusammenklang. Begegnungen kann man nicht erzwingen. Sie ergeben sich, weil die Beteiligten sich füreinander öffnen und Einblicke in ihre Innenwelt gewähren. Sie bekommen Bedeutung füreinander, weil sie nicht nur reden, sondern einander Resonanz schenken, die auf beide zurückwirkt.

Es entsteht Vertrautheit zwischen beiden, die sich nicht nur auf ihre Gedanken, auch auf ihre Gefühle bezieht. Wir ängstigen uns für den anderen, weil da unsere eigene Angst mitschwingt, wir ärgern uns über ihn, weil da der Ärger über uns selbst auflebt, wir werden angesteckt von seiner Melancholie, die uns an die eigene erinnert, wir empfinden seine Sehnsucht, als krieche die eigene aus ihrem lange gehüteten Versteck. Nicht weil wir miteinander sprechen, entsteht Resonanz, sondern weil wir uns aufeinander beziehen. Weil wir einander mit unseren Gefühlen, Sehnsüchten und Wünschen begegnen und zeigen: Resonanz entsteht, weil wir einander auf vielerlei Weise in Worten, Gesten, Mimik und Berührung antworten. Weil wir in unseren Antworten zeigen: Du bist mir wichtig. Ich nehme dich ernst. Ich meine dich. Wir spielen einander die Bälle zu, die, je nachdem wie einfühlsam sie ankommen, zu wechselseitiger Nähe und gegenseitigem Engagement führen.

Der Aggregatzustand einer Begegnung hängt davon ab, wie weit wir bereit sind, einander nahezukommen. Man spricht von »Sternenbegegnungen«, wenn beide bereit sind, sich vom anderen mitnehmen zu lassen, einander so lange zuzuhören und wahrzunehmen, bis jeder sich und den anderen ein wenig verändert erlebt und seine Einzigartigkeit erkennt.

Begegnungen sagen nicht nur etwas von den Menschen, sie sind wie Menschen – einmalig. Sie sind schlechthin der Spielraum für Resonanz, weil wir uns hier miteinander verbinden, eine Bedeutung füreinander bekommen, die auf beide zurückwirkt.

Lebendigkeit kommt in vielen Gewändern

Lebensgeschichte ist Resonanzgeschichte. Von Anfang an waren wir mit unseren Sinnen angewiesen auf beruhigende Stimmen, feinspüriges Streicheln der Haut, bergende Wärme. Unsere ersten Begegnungen mit Resonanz waren diese gegenseitigen Rhythmen von Berührungen, Gesten, Intonationen, Melodien, die uns aufeinander abstimmten. Diese gemeinsame körperliche Musik, die umhüllende Geborgenheit im mütterlichen Kosmos, die wir im sozialen Austausch später nie mehr so erreichen, begleitet uns als tiefe Sehnsucht, als Wunsch zurückzukehren. Wohin weiß man nicht einmal ganz genau. Wir reagieren auf das Gefühl »Mutter ist nicht mehr da« mit pausenlosem Radiohören, Fernsehen, um zumindest eine akustisch-seelische Resonanz zu reproduzieren. Irgendwann realisiert man: »Ich bin eigentlich allein.« Aber eben ausgerüstet mit diesem Grundgefühl, gewollt, verbunden und geliebt zu sein. Der Proviant an Resonanz, an Geben und Nehmen aus diesen grundlegenden Erfahrungen macht uns vertrauensvoll und zuversichtlich, dass wir immer wieder Nachschub an Resonanz geben und empfangen werden.

Sich aufeinander einlassen, miteinander atmen – damit sind wir in der Welt der Resonanz. Ein Ehepaar beschreibt es treffend: »Es gibt so etwas zwischen uns wie einen gemeinsamen Atem.« Aus der Empathieforschung wissen wir, dass Resonanz nicht nur wärmt und motiviert, sondern dass die Art, wie wir sie geben, auch eine Richtung aufzeigt, in die sich Beziehung entwickeln und verändern kann.

Wir sind in unserem Erleben formbar. Wir sind gestaltbar durch die Resonanz und den Einfluss anderer. Wir wandeln uns, manchmal ganz subtil, durch das, was wir mit anderen erleben, was wir von ihnen erfahren, hören, sehen oder geschenkt bekommen. Noch heute, wenn ich zu jeder Mahlzeit Kerzen anzünde, sind sie in mir gegenwärtig, meine Freunde aus Kindheitstagen in Dänemark. Ihnen verdanke ich die Liebe zur Wärme des Kerzenlichts, das unsere Gesichtszüge weicher zeichnet.

Andere Gesichter, andere Geschichten, andere Gerüche, so gehen wir uns selbst nicht verloren und ziehen wie die Kieselsteine im Wasser immer größere Kreise. Ohne Fellpflege, Berührungen, Blicke ist die Welt kalt und stumm.

Warum genügt uns die Arbeit nicht, warum sind die anderen so wichtig für uns? Weil sie uns menschlich machen und menschlich halten. Das gilt für jede Begegnung – egal ob Nachbarn, Kinder, Familie, Fremde, Kollegen oder Geliebte. Die Vielfalt ist es, die uns tröstet über die uns auferlegten Beschränkungen. Deswegen brauchen wir auch Geschichten, fiktive, poetische, verrückte, wilde, erfundene und wahre; Geschichten, die uns zusammenhalten.

Es müssen nicht viele Menschen sein, und es brauchen auch nicht ständig neue sein. Adolph Freiherr von Knigge schreibt: »… viele? nein! Das sage ich nicht, doch wohl ein paar … was braucht man mehr in dieser Welt?« (Knigge 1788)

Es soll Leute geben, die es ohne Resonanz aushalten, aber eben nur eine Zeit lang. Irgendwann muss der Zuspruch kommen, sonst fällt man, wie meine Großmutter zu sagen pflegte, »vom Fleisch«. Natürlich sind Feindseligkeiten auch eine Form von Resonanz, aber wenn sie anhaltend sind und unter die Haut gehen, machen sie »knochig«. Man würde wahrscheinlich verhärten, gäbe es nicht auch Zuspruch und Freundlichkeit, die uns innerlich wieder aufrichten. Man kann ohne WLAN, ohne Handy, ohne Kühlschrank existieren, aber ohne die anderen? Deswegen mein Vorschlag als Einstieg in die Kunst der Resonanz: Wie wäre es, wenn alle freundlich miteinander umgehen würden? Wäre das nicht eine gewaltige Verbesserung unserer Lebensqualität? Ich meine damit nicht bedingungslose Harmonie nach dem Motto: »Seid nett miteinander!« Freundlichkeit löst zwar keine Probleme, aber Probleme ließen sich entspannter ertragen. Wenn der Nachbar stört, die Freundin fordert, der Chef nervt. Einfach freundlich bleiben, das genügt völlig. Natürlich werden wir diesem Ideal nicht immer gerecht, aber als Leitstern würde es sicher mehr Frieden und Wohlbehagen bringen als manche Gesetze.

Vielleicht genügt es, hinzuschauen, wie viel Freundlichkeit es um einen herum bereits gibt: die strahlenden Augen eines Kindes, die tröstenden Gedanken eines Bekannten, das Schnurren der Katze auf dem Sofa oder das vertraute Geräusch eines Nachbarn, der liebevoll sein Unkraut zupft, die Freundin, die einen besonders duftenden Kaffee kocht ...

Was man vielleicht unterschätzt: Jede Freundlichkeit, jede Begegnung, die man schenkt, überschreitet – ob wir es wissen oder nicht – die Grenzen unseres persönlichen Raums. Gelebte, geschaffene, gewählte Beziehungen, wie bescheiden sie auch aussehen mögen, betreffen nie nur uns selbst. Sie stehen in Verbindung mit der ganzen Wirklichkeit. Das bewusste Wahrnehmen dieser gegenseitigen Abhängigkeit zwischen Mikro- und Makrokosmos, auf der letztlich jede Gesellschaft gegründet ist, wäre ein wesentlicher Schritt heraus aus der Kälte und Gleichgültigkeit, die so viele beklagen. In den archaischen Kulturen gab es diese Korrespondenz zwischen Mensch und Universum. Das Bewusstsein, dass jede Begegnung resonanz- und vertrauensstiftend war, war fester Bestandteil dieser Kulturen. Das mag überholt klingen, dennoch lebt in uns diese Sehnsucht weiter, ohne dass wir uns dessen bewusst sind. Selbst in der prosaischen Alltagswirklichkeit, wenn wir einander fragen: »Wie geht's?«, Feste feiern, Kranke besuchen, Gesundheit wünschen, einander trösten, gratulieren, necken, streicheln und umarmen.

Mehr vom Nährenden, mehr vom Hinschauen, mehr vom Berühren, mehr vom Vertrauen – also genau das, was kein Mobiltelefon liefern kann, ist es, was wir benötigen. Warum? Weil es Angst und Misstrauen entmachtet. So wie ein Kind ein ganzes Dorf braucht, um zu gedeihen, brauchen die Erwachsenen viele Augen, viele Ohren, viele Hände. Selbst wenn wir verliebt sind und uns alle anderen, außer dem einen magischen Wesen, blass und langweilig erscheinen, lohnt es sich dennoch, die guten, alten Freunde zu pflegen. Wache Augen für den Liebeskummer eines Freundes zu haben, sich an Namenstage, Geburtstage oder Gedenktage zu erinnern, zuzupacken, wenn Not am Mann ist, spontan an die Türe zu klopfen bei den Schüchternen, um die aufzumuntern, die enttäuscht sind, und freundlich zu sein zu denen, die es am nötigsten haben. Manchmal wird die Welt nur durch eine winzige Geste zu einem freundlichen Ort. Mitunter rettet ein einziger Satz. Oder ein Blick. Oder ein warmes Händchen.

Lebendigkeit kommt in vielen Gewändern und Gestalten: als zugelaufene Katze, als schwer kranker Kollege, als trauernder Nachbar, als weinendes Kind, als Enkelin, die Erholung von den Eltern braucht, als Freund, der sich gerade getrennt hat, oder als Bruder, der Unterschlupf braucht. Wichtig scheint mir, mit vielen in Resonanz zu kommen, vor allem auch mit denen, die anders denken, die anders existieren.

Resonanz ist nicht immer da, wenn wir sie brauchen und wenn wir sie schenken sollten. Sie lässt sich nicht herbeizitieren oder willentlich abrufen. Aber wir können unsere Türen und Herzen offen lassen. Offen bleiben für das Ungeplante, Unerwartete, Ungewöhnliche, Sensible, Seltene, Seltsame. Resonanz ist nicht immer bequem, vor allem wenn die Stimmen sehr laut oder zu leise sind, aber sie formt unser Leben zu überraschenden, eigenwilligen Mustern und Landschaften, die uns zu dem machen, wer wir sind.

Gleiche Wellenlänge

Sind Sie schon einmal in ein Café, eine Boutique oder ein Hotel gekommen und haben sofort gespürt, dass Sie da nicht hingehören? Haben Sie schon einmal eine Stadt, ein Dorf oder ein Land besucht und sofort gespürt, dass Sie hier gern bleiben würden? Haben Sie schon einmal eine Ausstellung, ein Konzert, eine Wohnung besucht und sofort gefühlt: »Nichts wie weg hier«? Sind Sie schon einmal einem Menschen begegnet und haben in Sekundenschnelle realisiert: »Mit dem kann ich«? Oder das Gegenteil, diese Person leert meine vitalen Batterien schon nach wenigen Sätzen?

Ist das mystische Eingebung oder sechster Sinn? Weder noch. Es scheint, als wäre unsere Intuition oft klüger als unser Verstand. Für einen ersten Eindruck braucht es nur eine Zehntelsekunde – und er ist meist korrekt, wie Studien des Verhaltensforschers Gerd Gigerenzer nachweisen: »Für den ersten Eindruck gibt es oft kaum eine zweite Chance, insbesondere wenn dieser emotional geprägt ist« (Gigerenzer 2008).

Es ist also keine Frage des Blickes, sondern unserer intuitiven Schwingungen. Jeder Körper ist ein Resonanzkörper für Reize und Signale von außen, auf die er eine Passung mit einer bestimmten Frequenz herstellt und sie moduliert. Wir spüren, dass die Schwingungen in einem Menschen oder einem Raum unseren eigenen Schwingungen entsprechen. Entweder wir tauchen in diese Schwingungen ein oder stoßen sie ab, wenn sie mit uns nicht kompatibel sind. Das gilt auch für Gruppen von Menschen. Einzelne können – wie ein Musiker, der viele Zuhörer erreicht – eine emotionale Resonanz mit vielen verursachen, wenn eine Synchronisation zwischen den Gehirnen stattfindet.

Stellen Sie sich vor, Sie würden mit jemandem zusammen rhythmisch trommeln. Wenn Ihrer beider Bewegungen sich allmählich annähern und koordinieren, werden im Gehirn Areale aktiviert, die mit dem Belohnungszentrum verknüpft sind. Sie beide werden es als höchst angenehm empfinden, als würden Sie auf einer Welle »reiten«. Sie schwingen synchron. Sie begegnen sich im Wir. Sie spielen zusammen. Sie tanzen. Sie haben Ihre Musik gefunden. Oder: Ihre Musik hat Sie gefunden. Diese für Resonanz notwendige Passung ist stärker als unser Verstand oder unser Wille. Deswegen sagt man: »Es schwingt zwischen uns«, »Es funkt zwischen uns« oder »Es knistert zwischen uns«.

Unsere Sprache bringt es auf den Punkt, wenn sie von »auf der gleichen Welle schwimmen«, »die gleiche Wellenlänge haben« spricht. Daraus hat sich allerdings die populäre Auffassung gebildet: Wenn nur die Wellenlänge stimmt, dann sind Harmonie und Einverständnis garantiert. Hauptsache mein Bauchgefühl stimmt! Das mag ja sein. Aber solche Aussagen haben nur wenig Erkenntniswert, da sie Nachdenken und Sorgfalt verhindern. Andere verdienen es, dass man sie nicht abspeist mit solch festzementierten Urteilen: Mein Bauch hat gesprochen! Das Bauchgefühl ist allerdings nicht unfehlbar. Ein bisschen Nachdenken oder Argumentieren würde nämlich offenbaren, dass es längst nicht ausreichte, folgte man nur der Logik des Bauches.

Ein Ehepartner ist der Attraktion einer unwiderstehlichen Geliebten erlegen, doch die neue Konstellation – Ehefrau plus Geliebte – führte ihn nicht ins Glück, wie es sein Bauch ihm eingab, sondern ins Verderben. Plötzlich sah er nämlich ein, dass der Satz Woody Allens schon seine Richtigkeit hat: »Du kannst nicht zwei Pferde mit einem Hintern reiten.« Er hatte sich schlicht übernommen.

Ein anderes Beispiel: Zwei mir bekannte Musikerehepaare verbinden sich neu übers Kreuz, müssen aber leider nach kurzer Zeit feststellen, dass ihre Gefühlswallungen trotz gleicher Wellenlänge der Widerspenstigkeit gelebter Alltagsnähe nicht standhalten konnten.

Wenn das Bauchgefühl immer richtig liegen würde, dann würden Menschen sich nicht in die Falsche oder überkreuz verlieben. Es braucht wohl beides, einmal seine Resonanzen ernst zu nehmen und dennoch zu hinterfragen: Was hat mich bisher weitergebracht? Was hat mich in die Irre geleitet? Intuition kann Nachdenken nicht ersetzen. Kluge Entscheidungen verlassen sich nicht ausschließlich auf die eigenen Gefühlslagen, obwohl diese einen reichen Fundus an wichtigem und oft unbewusstem Erfahrungswissen bieten. Die Kunst besteht in einem Balanceakt zwischen Bauchgefühl und Ratio. Gefühlsresonanzen sind keine unverrückbaren, unfehlbaren Tatsachen, die man vom Nachdenken und Überprüfen ausklammern sollte, denn immerhin ist uns Denken erlaubt. Eine Welt, in der die Gefühle grundsätzlich über den Verstand regieren, stelle ich mir verheerend vor. Es gibt nämlich auch destruktive Gefühlswallungen Wut, Neid, Hass, Gier. Ein Blick in die handfesten Prügeleien auf dem Schulhof genügt, um zu realisieren, was geschieht, wenn der Verstand nicht mehr als Notbremse fungiert.

Wie entstehen nun solche Resonanzen im Fühlen? Beobachtet man Ehepaare, die länger verheiratet sind, so kann man feststellen, dass sich ihr Verhalten, ihre Gewohnheiten und sogar ihre Physiognomien angleichen. Selbst bei Haustieren stellte man dieses Phänomen synchroner Schwingungen fest. Was lässt sich daraus folgern? Je mehr Zeit wir mit jemandem verbringen, desto wahrscheinlicher wird ein synchrones Schwingen. Der Faktor Zeit macht also Beziehungen nicht nur wichtiger und stabiler, sondern auch gleichschwingender. Je fremder wir einander bleiben, desto unwahrscheinlicher wird ein »Schwimmen auf der gleichen Welle«, denn die emotionale Bindung entscheidet über die wechselseitige Übertragung. Oder kennen Sie jemanden, der mit Ratten synchron schwingt?

Resonanz ist geteiltes Glück

Die unmittelbar bezeugte Wirkung des griechischen Philosophen Sokrates könnte ein Vorbild für Nachahmung sein. Überliefert ist, dass im Umgang mit Sokrates viele Besucher erstaunliche Fortschritte machten, wenn sie auch nur in demselben Haus sich mit ihm befanden, größere bei Anwesenheit im selben Zimmer, und noch größere bei einem direkten Blickkontakt mit dem Philosophen. Doch die allergrößten Fortschritte wurden berichtet von Menschen, die unmittelbar neben ihm saßen und ihn berührten. Auch wenn Sokrates' Vorbild hoch platziert sein mag, spiegelt es dennoch Wertvolles, um unsere Wünsche und Wagnisse an Resonanz aufzunehmen, an ihnen zu wachsen und ihnen Flügel zu verleihen.

Wie will ich Resonanz schenken? Wo sind die Grenzen meiner Resonanz? Wo kann ich Grenzen erweitern, die andere mir setzen?

Resonanz, das spüren schon Jugendliche, weil sie noch in einer Übergangslage sind, ist ja weit mehr, als nur auf gleicher Wellenlänge zu »funken«. Sie wollen, dass ihre Rufe gehört und beantwortet werden. Mehr noch, sie sind darauf angewiesen, dass sie überhaupt den anderen erreichen.

In diesen Wünschen offenbart sich ihre Bedürftigkeit nach Zuspruch und Trost. Dazugehören wird nun wichtig, vor allem bei den Gleichaltrigen, deren Resonanz einen Ausgleich für die Loslösung familiärer Bindungen liefern soll. Die Rolle von Vorbildern, die Verantwortung von Lehrern sollte man in dieser Phase nicht unterschätzen.

Aber nicht nur für sie, sondern für uns alle offenbart sich in dem Wunsch nach Resonanz ein biopsychisches Grundbedürfnis. Nicht nur in Übergangszeiten, die uns besonders angreifbar und verletzlich machen, sondern ein Leben lang. Wir sind darauf angewiesen, einen guten Resonanzboden zu finden, weil in uns, ob es uns bewusst ist oder nicht, etwas nachschwingt von der Verzweiflung des Kindes, das einst hoffte, die Mutter komme zurück, wenn es nur laut genug schreie. Kaum jemand, der nicht diese Erfahrung kennt, die ihren Widerhall im Märchen »Hänsel und Gretel« und unzähligen anderen Geschichten von verlassenen Kindern findet, die sich Wege und Botschaften ersinnen, um nach ihren Eltern zu rufen. Wie viele Briefe, Zettel, Bilder, Basteleien, Handarbeiten sind im Geist dieses Rufens schon entstanden, um Resonanzfäden oder ganze Netze zu knüpfen! Einen wunderschönen bunten Teppich würde diese gestaltete Sehnsucht nach Vernetzung ergeben, die eigentlich immer um die gleichen Fragen kreist: Ist jemand da? Und wenn diese Frage keinen Widerhall findet: Hört mich denn niemand?

Es ist eine verletzende Erfahrung, wenn ich mich öffne und nach jemandem rufe, der keinen Widerhall gibt. Es ist wie in der Liebe, wenn ich einen Schritt auf den anderen zugehe und er nicht. Man muss schon hartgesotten sein, um dies nicht als Zurücksetzung oder Zurückweisung zu erleben. Jeder kennt dieses Gefühl, die E-Mail, die nicht beantwortet wird oder nur im Telegrammstil verfasst ist, die Einladung, die nicht erwidert wird, das Geschenk, das keinen Dank erfährt, der Gruß, der abprallt, als würde man nicht gesehen.

Wenn wir wissen wollen, was Resonanz wert ist, bräuchten wir lediglich das Telefonat abrupt abbrechen, diesen Menschen ignorieren, schweigen, ein Versprechen brechen, eine Anfrage vergessen – und würden wohl bald spüren, wie der gemeinsame Boden plötzlich brüchig wird. Die Macht der Resonanz ist nämlich in der Tat vergleichbar mit der Macht der Liebe. Es ist ein geteiltes Glück, das sich mit dem Geben vermehrt. Es bestärkt unseren Glauben daran, dass es sich lohnt zu geben, ohne rechenbaren Nutzen, weil dabei Achtung, Aufmerksamkeit und Zuwendung entstehen. Ohne Resonanz gibt es keine Liebe, keine Poesie, keine Musik, keine Religion. Das ist die Botschaft Sokrates', durch dessen Resonanz die Menschen nicht nur reicher, auch in vielerlei Hinsicht besser wurden: einfach durch seine Präsenz, durch seine Nähe, durch seinen Blick, durch seine Berührung.

Resonanz weitet die Seele

Stellen Sie sich vor, Sie treffen eine Bekannte in der Stadt. Sie kommen ins Gespräch und sind von ihrer Stimme derart fasziniert, dass Sie am liebsten sagen würden: »Sprich weiter! Hör nicht auf!« Sie wissen eigentlich nicht, was es ist. Aber diese Stimme klingt so angenehm tief, warm und geheimnisvoll, dass es für Sie eigentlich egal ist, was sie sagt. Sie sind von diesem Klang wie verzaubert, als könnten Sie sich ihm nicht entziehen.

Nicht die Inhalte, sondern Ihre körperliche Resonanz auf den Klangzauber dieser Stimmqualität lässt etwas in Ihnen anklingen, was Sie vielleicht an einen früheren, vertrauten Klang erinnert. Jedenfalls klingt etwas in Ihnen an, das Sie fasziniert. In der Tat besitzt die Stimme eine elementare Bedeutung für das Sprechen, weil durch sie Gefühle und Gedanken aktiviert werden, die in einem Bereich vor der Sprache liegen. Deshalb beeinflusst die Stimme in elementarer Weise unsere Resonanz, weil sie das Engagement des Sprechenden wiedergibt, das in uns Nähe und Resonanz aktiviert und beeinflusst. Eine resonanzreiche Stimme wird nicht nur besser gehört, sie erzeugt auch wohlklingende Resonanz und überträgt Energie auf andere.

Wir haben viel mehr Einfluss auf den ungehinderten Energiefluss von Resonanz, als wir uns das vielleicht vorstellen. Wer kann es leugnen, dass es Menschen gibt, die, überall wo sie sind, Glück verbreiten, während es andere gibt, die uns glücklich machen, wenn sie gehen? Wenn wir uns eingestehen, dass wir Mitgestalter unserer Resonanzspielräume sind, dann sind wir mitverantwortlich. Dann ist jedes Lamento über diese kalte, unsolidarische Gesellschaft überflüssig. Wir sollten nicht länger darüber klagen, dass jeder sich selbst der Nächste sei, dass wir in einer Ellbogengesellschaft leben, die in lauter Egoisten zerfällt. Solange wir misstrauische, negative Signale aussenden, sinkt der Resonanzpegel bei all denen, mit denen wir umgehen. Das heißt: Wenn wir andere für kalt und uneinfühlsam halten, erweisen sie sich oftmals auch genauso. Die Frage ist, was will ich? Wie will ich leben? Das heißt nicht, dass ich mein Menschenbild schönen muss, aber ich kann es positiv beeinflussen, indem ich dorthin schaue, wo Resonanz und Kooperation gelebt werden, weil damit eine Aufwärtsspirale in Gang gesetzt wird.

Warum gibt es so viele Menschen, die der Kassiererin im Supermarkt ein freundliches Wort schenken? Warum stehen wir für eine alte Dame im Bus auf, obwohl wir sie wahrscheinlich nie wieder sehen werden? Warum hebt man eine Haarspange auf und rennt der Besitzerin hinterher? Warum tröstet man ein weinendes Kind, obwohl man es nicht kennt? Warum hört man den kleinen Geschichten von Kindern zu, obwohl man eigentlich arbeiten müsste? All das tun Menschen. Weil man es tun kann. Weil man es tun soll. Oder – weil man es so will. Das Wollen ist der springende Punkt.

Es gibt tatsächlich so etwas wie einen Willen zur Resonanz. Er stärkt unseren Glauben, dass es immer wieder Augenblicke gibt, in denen wir uns öffnen und Widerhall finden. Da schreibt jemand, wie das Gespräch im Café nachgewirkt hat. Da erwidert jemand meine Einladung mit Vorfreude und Herzlichkeit. Da schickt mir jemand einen Blumenstrauß als Anerkennung für meinen Einsatz bei einem Fest. Das sind Resonanzspuren, die wirklich zählen. Deswegen machen Menschen auch weiter, weil sie gehört und gesehen wurden. Solche Zeichen trösten nicht nur über das Schweigen derer hinweg, die den Wert der Resonanz noch nicht erkannt haben. Sie sensibilisieren uns dafür, solche Augenblicke überhaupt zu erkennen und dankbar zu würdigen.

Ich denke an einen Professor, der die besondere Gabe hat, seine Studenten derart zu beflügeln, dass ich seine Seminare als »Treibhäuser der Resonanz« bezeichne. Was ist sein Geheimnis? Es ist diese respektvolle Resonanz, die er jedem Einzelnen gibt. Selbst wenn ein Beitrag am Thema vorbeigeht, hält er inne: »Interessante Idee – darüber muss ich nachdenken.« Oder: »Danke, jetzt habe ich etwas gelernt.« In seinen Seminaren entsteht Wissen in Echtzeit und nicht vom Katheder aus, weil er jedem das Gefühl gibt: »Du bist wichtig! Deine Meinung zählt!« Da schwingt etwas mit, das dem Begriff »Achtung« nahekommt. Ein zugeneigtes Fühlen, das den anderen in seiner Einzigartigkeit anerkennt und sehen will, egal wie verschieden, fremdartig, verrückt oder komisch er auf den ersten Blick auch erscheinen mag.

Aber auch im Kleinen: Jemand begrüßt mich am frühen Morgen und blickt mich lächelnd an: »Sie strahlen so. Gell, Sie freuen sich auf den Tag?« Wer würde da stumm bleiben? Natürlich freue ich mich, vor allem wenn ich frühmorgens so begrüßt werde. Solch ein Tag steht unter einem guten Stern. Oder ein Mädchen erzählt mir eine ziemlich verrückte Geschichte. Ich sporne sie an – »Spannend ist das! Wie geht's weiter!« – und lasse mich derart verführen in ihr Fantasieland, dass ich Raum und Zeit vergesse. Am Schluss sagt sie ganz selig: »Jetzt habe ich Flügel gekriegt«, und geht langsam aufrecht durch den Raum, als wüchsen große Flügeln aus ihren Schultern.

»Seit ich so krank bin, vergesse ich keinen Tag, dass ich nur dieses eine Leben habe«, so spricht ein krebskranker Mann. »Dass ich nicht Opfer, sondern Täter meiner Lebenszeit bin, die ich noch habe«, dafür hat er sich entschieden. »Noch nie habe ich mich so stark gefühlt wie jetzt, weil ich meine Trauer nicht in mir vergrabe und auch die Tränen nicht mehr unterdrücke. Es sind doch genau diese Gefühle, die mich auch antreiben: ›Mach was! Häng nicht faul herum!‹ So tue ich jeden Tag eine Kleinigkeit, die mich und auch die anderen glücklich macht.« Nicht nur er ist höchst lebendig, sondern alle, die mit ihm umgehen, fragen ihn immer wieder, was wohl sein Geheimnis sei, dass sie in seiner Gegenwart so aufblühen.

Dazugehören

Ich erzähle die Geschichte von einem Mann, der einen schweren Unfall überlebt hat. Ihm seien alle Inspirationen für seine Arbeit während des Gehens, bei erzwungenen Fußwanderungen gekommen, sagt er. Seit seinem Unfall kann er es nur schwer im Sitzen aushalten. Besser gesagt: Es hält ihn nichts mehr an seinem Platz, sein Gehen führt ihn an Orte – weiter, als er je gehofft hat. Er ist in der Lage zu hören, was die Stille auf seinen Fußwegen ihm sagt, er hört innere Melodien, summt vor sich hin und findet so immer wieder seine eigene Stimme, die ihn mit dem lebenswichtigen Atem verbindet. Er sieht seine Welt seither anders. Besser gesagt, er nimmt genauer und tiefer wahr, weil er mehr bei sich »zu Hause« ist.

Heute sind ihm Anblicke und Ausblicke wichtiger als monumentale Bilder und Werke. Was er erlebt, erlebt er, ob andere daran teilhaben oder nicht. Der Wald, die Kirschblüten sprechen zu ihm, teilen ihm Unaussprechliches mit, die ihn in und hinter die Dinge blicken lassen. Sein Geist hat sich von den Banalitäten und den Alltäglichkeiten freimacht, um Spielraum zu schaffen für andere Geistesblitze und eigene Gedankenschöpfungen.

Seine grünen Freunde sind die Bäume, die er regelmäßig besucht. »Als würde ich in eine Kathedrale eintreten«, so erlebt er den Wald, dem er andächtig lauscht. »Unter den Bäumen bin ich aufgehoben«, spürt er. »Ich umarme sie, und sie summen und rauschen so harmonisch für mich, vor allem gegen Abend, wenn die Dämmerung eintritt.« Seither versteht er seine Lebenswelt tiefer, weil er etwas spürt, das größer ist als er. Die Schönheit der Bäume hat ihn gelehrt, dass es auch Schönheit ohne Lüge gibt. Er liebt die Bäume, weil er sie mit anderen Augen sieht als Menschen. Im Gegensatz zu Menschen findet er Bäume auch in Massen schön. Er begegnet ihnen unvoreingenommen, deshalb ist er empfänglich und kann sie in sich aufnehmen. Seine sinnlichen Antennen nehmen nun feinste Schwingungen wahr, weil er sich für den Klang der Bäume öffnet. Der Klang spricht zu ihm, weil er ihn nicht eigenen Wünschen anpasst oder Wertungen und Ängste daran festmacht.

Ähnlich wie die Bäume lebt auch er jetzt ein Dasein, das nicht mehr auf Begehren aus ist. Selbst wenn seine Beine schwer und steif geworden sind, gibt es Bewegung für ihn, weil er sich von anderen Sinnen und Wahrnehmungen leiten lässt. In ihm ist Resonanz für den Gesang der Bäume, die ihm vermitteln: Es gibt Gehör. Du bist nicht allein. Aus jedem seiner Sinne sind neue Triebe aufgesprossen. Er hat sich einer neuen Welt geöffnet. Keiner unserer Sinne, mit denen wir die Welt erfahren und beeinflussen können, wird abgestumpft oder abgeschwächt, ohne nicht Raum für andere Resonanzen zu schaffen. Zum Schluss sagte er: »Es ist doch schön, dazugehört zu haben.«

Es geht nicht ohne die anderen

Resonanz ist ein Grundnahrungsmittel der Seele. Das erleben Psychotherapeuten und Ärzte tagtäglich in ihren Praxen. Patienten haben wegen ihrer Symptome Fragen, Bilder, Ängste, Hoffnungen, Spannungen. Diese wollen sich ausdrücken und brauchen den anderen als Resonanzkörper. »Ich höre Ihnen gern zu«, »Ich begleite Sie gern auf Ihrem Weg«. Das sind Sätze, hinter denen sich eine Haltung ausdrückt, die Patienten ermutigt, sich einzulassen, mitzudenken, zuzuhören, zu fragen und mitzumachen. Ohne diese Resonanz kann weder der Arzt Hilfe leisten noch der Patient sich öffnen. Ich gehe davon aus, dass beide sich ohnehin in leiblicher Resonanz befinden, allein schon durch die körperliche Nähe, die sie zueinander haben. Allerdings ist der Grad beziehungsweise die Temperatur der leiblichen Resonanz variabel, weil sie abhängig davon ist, wie weit man sich auf das einlässt, was mit einem durch diese Begegnung geschieht.

Die Erkenntnis, dass man als Helfer ein ermutigendes Vorbild für sein Gegenüber sein kann, ohne dessen Reso-

nanz ohnehin kein Vertrauen entsteht, schafft mehr Spielräume, als man vielleicht ahnt. Aus meiner Praxis weiß
ich, dass es oft nur darum geht, das erste Wort zu sprechen und eine gewisse Nähe zu stiften, statt distanziert zu
warten. Es ist der Mut zum erlösenden »Ich sehe dich«,
der die Türe des gemeinsamen Resonanzraumes öffnet.
Dann liegt es eigentlich nur noch an diesem Balanceakt,
der Nähe und Abstand so reguliert, dass dieser Vorschuss
an Vertrauen sich auch außerhalb der Praxis bewährt. Er
beruht darauf, dass sich beide aus engagierter Perspektive
immer wieder abstimmen und aufeinander einstimmen,
dass es eine Begegnung bleibt, die sich weiterentwickelt.
Eine schwerkranke Patientin gestand mir: »Das Wichtigste für mich war, dass Sie mir gesagt haben: ›Ich lasse dich
auch jetzt nicht im Stich.‹« Resonanz heißt, den anderen
auch durch Abgründe zu begleiten, nicht distanziert, re-
gistrierend, sondern präsent, engagiert, aktiv beteiligt, um
den anderen wirklich zu erreichen.

Wie fundamental die Macht menschlicher Verbundenheit ist, weisen neue Erkenntnisse der Soziologie (Christa-
kis/Fowler 2010) überzeugend nach: Menschen brauchen
Resonanz in Beziehungen, um zu überleben. Warum rettet Resonanz? Weil wir spüren: Allein sind wir klein. Wir
brauchen einander. Ohne diese wärmende Hülle sind wir
anfälliger für Stress und Krankheiten. Weil wir nicht iso-
liert von anderen und vom Wert der Verbundenheit leben
können. Diese unsterbliche Sehnsucht begleitet sämtliche
Gesellschaften, sie ist verankert in unserer biologischen
Ausrüstung. Wir wollen dazugehören, wir brauchen Zuspruch, wir wollen geben und empfangen. Man kann es

nicht genug betonen: Wir wollen es so. Dennoch verspielen wir es immer wieder, mit abweisenden Mienen, distanzierendem Gebaren, kalten Blicken. »Lass mich in Ruh!« »Ich brauch dich nicht!«

Schon Teenager verbannen ihre arroganten Mitschüler, indem sie nicht mehr mit ihnen sprechen. Ganz zu schweigen von Kulturen, die die Ächtung als Strafe verhängen. Beides wirkt steigernd: Ein resonanzloses Leben verstärkt Ängste und Krankheit, während ein resonanzvolles Leben unser Selbstvertrauen und unsere Widerstandskraft verstärkt. So mächtig ist unser Verlangen nach Resonanz, dass die Qualität unserer Beziehungen mit unseren Nächsten der wichtigste Schlüssel zur Gesundheit ist (McTaggart 2011). Eine Forschergruppe der Brigham Young Universität (Holt-Lunstad/Smith/Layton 2010) in Utah fand sogar heraus, dass Beziehungen grundsätzlich, ob sie gut oder schlecht sind, die Überlebenschancen um 50 Prozent erhöhen. Sogar die Sprache lässt Rückschlüsse ziehen: Je mehr jemand im Ich-Stil spricht (ich, mich, mein), desto höher steigt die Rate tödlicher Herzinfarkte. Es kann lebensbestimmend sein, die Resonanz eines Lebenspartners, Arztes, Vorgesetzten, Kollegen zu erringen. Bleibt sie aus, kann das zu schweren inneren Beschädigungen führen. Wir spüren alle, wie wichtig es ist, dass uns die anderen vermitteln: »Es ist gut, dass du da bist.«

»Wir müssen beginnen, unsere sozialen Beziehungen ernster zu nehmen«, sagt Julianne Holt-Lunstand, Leiterin der Forschungsstudie über die Folgen der Einsamkeit: »Einsamkeit ist genauso abträglich für unsere Gesundheit wie 15 Zigaretten pro Tag, Fettsucht oder Alkoholismus.

Es geht nicht ohne die anderen« (Holt-Lunstad/Smith/Layton 2010). Wer diese Alltagsweisheit verinnerlicht hat und weiß, wie wichtig Resonanz für das eigene Selbstwertgefühl ist, der weiß auch, wie wichtig es ist, diese zu teilen. Denn das Selbstwertgefühl wächst, wenn wir teilen. Einander Resonanz geben ist vielleicht gesünder als jede Diät und jedes Trainingsprogramm. Resonanz schützt vor Angst, die uns beengt, vor Druck, der uns stumm macht. Und gibt uns das Recht zurück, anders zu sein als die anderen und gerade deshalb auf sie angewiesen zu sein.

Wo sind wir, wenn wir lieben?

»Die intensivste Erfahrung von Resonanz ist Liebe.« Diesen Satz habe ich unzählige Male als Quintessenz von Resonanz gelesen. All you need is love! Oder ist dies nur ein schönes Beispiel dafür, wie man sich als Erwachsener eine Art Kinderglauben, eine Offenheit für das Wunderbare bewahren kann? Und sei es in Gestalt des Glaubens an die Liebesfee? Nichts klingt süßer in unseren Ohren als solche Heilsversprechen, die eine Reduktion von Komplexität in Aussicht stellen.

Die Liebe steigert unser Daseinsgefühl. Und dies obwohl gerade in der Liebe Himmel und Hölle oft nahe beieinanderliegen. Denn alles, was für uns höchste Begehrlichkeit besitzt, kann uns auch zutiefst verletzen, uns aus unseren Halterungen reißen oder uns gar zerbrechen. Man denke an die unzähligen Geschichten, in die Paare geraten, wenn sie nicht nur ihre Liebe, sondern auch ihr

Begehren bis in alle Ewigkeit halten wollen. Der Glanz der Verführung, der Zauber der Überraschung, der Reiz der Eroberung müssen nicht allein entscheiden, ob wir Glück oder Pech miteinander haben. Dass sie mit den Jahren verblassen und mehr der Zärtlichkeit und Innigkeit weichen, lässt sich zwar mit Humor und Fantasie relativieren, man denke nur an Loriots »ein Klavier, ein Klavier«, aber viel schöner wäre es, sich darüber zu verständigen, einander Gehör zu schenken, statt in Stillschweigen zu verfallen, einander anzusehen, statt wegzuschauen, und immer wieder aufeinander zuzugehen, anstatt auszuweichen.

Tatsächlich ist die Liebe ein radikaler Gegenentwurf zum Egoshooting, bei dem jeder um sich selbst kreist. Lieben heißt bejahen. Den anderen so bejahen, wie er sein Leben lebt. Einen schönen Satz fand ich beim Prediger Salomo (4:10): »Weh dem, der allein ist, wenn er fällt! Dann ist kein anderer da, der ihm aufhilft. Auch, wenn zwei beieinander liegen, wärmen sie sich; wie kann ein Einzelner warm werden?«

In diesen Worten steckt der Kern von Resonanz. Liebe ist der umfassendste Balanceakt an Wärme, Resonanz, Anerkennung und Respekt. Wir öffnen uns, zeigen uns, auch wie wir geliebt sein wollen. Wir wachsen nicht nur in unserem Erleben zusammen, sondern auch in dem, wie wir einander sehen und erkannt werden wollen.

Da unser Sehen gefärbt ist durch unsere eigenen Wunschbilder, ist auch unsere Resonanz durch solche Bilder gefährdet. »Wenn du nicht bist, wie ich dich haben will, wirst du ignoriert, bis du dich besserst.« So oder ähnlich lauten die Vorwürfe, die den anderen klein machen.

So verführerisch es sein mag, zu sagen: »Ich auch«, »Das kenne ich auch«, einfühlsam ist es nicht. Jeder will seine Geschichten als einzigartig respektiert wissen, deshalb entleert dieses »Ich auch« einen einfühlsamen Dialog.

Statt etwas vom anderen zu erfahren, signalisiert man ihm: Ich will nichts Neues, keine Überraschungen erfahren, ich bin wie du. Diese narzisstische Wahrnehmung des anderen, der nur dadurch interessant ist, als er ist wie man selbst, erstickt jede geistige Bewegung, jede Resonanz.

Wir haben kein Recht dazu, den anderen durch unsere Erwartungen zu erdrücken, ihn zum Objekt unserer Wünsche zu machen. Liebe entspricht doch vielmehr der Bereitschaft, sich verändern zu lassen. Ihr Gegensatz wäre die festgefahrene Beziehung, die wie die Nadel in der Rille einer Schallplatte stecken geblieben ist. Oder eine Beziehung, in der man sich durch wechselseitige Beleidigungen aneinander gewöhnt hat.

Mit einer liebenden inneren Haltung können wir solch schmerzliche Erfahrungen überwinden: Ich anerkenne, was der andere ist, wie er ist, was er kann, was ihn hindert. Und das dieser Haltung entsprechende Verhalten: Ich höre zu, frage, beachte, denke mit, schwinge mit.

So könnte eine Spirale zum Besseren in Gang gesetzt werden: Fängt einer an, einfühlsam zu schwingen, macht der andere mit. So wie bei den Steinen, die man ins Wasser wirft – Resonanz zieht Kreise, setzt sich fort, vermehrt sich, bis letztlich beide ein besseres Miteinander haben.

Auch wenn Recht haben Spaß machen mag, Resonanz erzeugt es nicht und schon gar nicht Applaus. Dem Psychotherapeuten James Hollis verdanke ich diese wunderbare

Einsicht in die Liebe: »Jemanden finden, den man für eine sehr lange Zeit ärgern kann.« Das klingt vertraut, denn Liebesräusche verhalten sich nicht proportional zur Intelligenz und weichen mit der Zeit dem Nahkampf der widerspenstigen Alltagsnähe. Verantwortung für die eigenen Aufmerksamkeitssünden zu übernehmen und weniger vom anderen zu erwarten würde den Blick freimachen für unerwünschte, aber hilfreiche Wahrheiten: Was wir an anderen hassen, ist meist das, was wir an uns selbst hassen. Wir alle machen Fehler und deswegen sollten wir uns hüten, andere zu verurteilen oder gar verändern zu wollen. Niemand ist perfekt. Vielleicht hilft auch diese Einsicht, den Änderungswahn zu relativieren, in den so viele Partnerschaften verfallen. Einen anderen zu lieben heißt, sich selbst wie ein Instrument zu stimmen, um Anklang und Einklang zu finden. Dann kann das, was der Zufall oder die Notwendigkeit zusammengeführt haben, zum Wohlklang werden, wenn jeder bereit ist, sich selbst einzustimmen. Resonanz entspannt und weitet. Meist genügen schon einfache Worte wie: »Ich höre dir gern zu«, »Ich bin gern mit dir zusammen«.

Inwendig lernt kein Mensch sein Innerstes erkennen;
denn er misst nach eigenem Maß sich bald zu klein
und leider oft zu groß. Der Mensch erkennt sich nur
im Menschen, nur das Leben lehrt jeden, was er sei.

(Johann Wolfgang von Goethe 1807)

Wir brauchen, das hatte Goethe bereits erkannt, die Resonanz des wechselseitigen Mitschwingens, weil wir anders und intensiver sein können, wenn der Blick und das Fühlen des anderen uns berühren. Vor allem wenn wir zusammen lachen oder einfach nur miteinander herumalbern. Solche wortlosen Begegnungen können sogar retten, wenn alle anderen Brücken zum Gegenüber eingestürzt sind.

III
RESONANZ-
PROVIANT

Gespräche bringen Licht

Was ist schöner als die Sonne? Ich meine: das Gespräch. Beide wärmen und beleben uns. Und beide brauchen wir, um uns verbunden zu fühlen: mit uns selbst und der Welt. Wie überhaupt wissen wir, wer wir sind, wenn nicht ein anderer durch seine Ansprache uns zuvorgekommen ist? Das ist die Grundlage von Resonanz. Wir sind nicht die alleinigen Täter unseres Ichs, wir sind Angesprochene, Antwortgeber – wider-klingende Subjekte. Wir sind Resonanzkörper füreinander, weil jemand an uns denkt und uns anspricht. So begann unser Leben im mütterlichen Resonanzraum. Und der Sinn, der unsere ersten Resonanzen ermöglichte und sich als erster Sinn öffnete, war der Hörsinn. Über unser Ohr bekamen wir überhaupt eine erste Vorstellung von dem, was später Mutter wurde. Ganz grundsätzlich: Wir bekommen über unser Gehör eine Vorstellung von dem anderen. Die Schulung des Ohres, so betonte der Dirigent Daniel Barenboim, sei wichtiger für den Einzelnen, als wir es uns vorzustellen vermögen. Zumindest verdanken wir dem Ohr, dass wir die Gefühlswelt des anderen akustisch wahrnehmen und dadurch auch feine Nuancen, Dissonanzen und Resonanzen unterscheiden lernen.

Ein gutes Gespräch ist daran zu erkennen, dass wir dem anderen wirklich zuhören und ihn in unsere Gedanken einbeziehen. Ähnlich wie beim Ballspielen, wenn man sich den Ball zuspielt und auffängt. Was der eine spricht, löst im anderen etwas aus. »Da fällt mir ein ...«, »Das habe ich auch schon gedacht ...«, »Genauso empfinde ich das auch ...«, »Das bringt mich auf die Idee ...«.

Man schweift ab, kommt wieder zurück, legt eine Pause ein. Man lacht, man seufzt oder weint, wenn nichts Trennendes oder Verfälschendes zwischen den Sprechenden steht. Der Anblick des anderen und jeder Blickwechsel berühren etwas in uns, das man schlicht mit dem befreienden Satz »Es ist jemand da!« fassen kann.

Wir vergessen die Zeit. Wir vergessen, was uns belastet und ängstigt. Das Hier und Jetzt ist die Hauptsache. Und da ist jemand, ein Gegenüber, dem wir zuhören und antworten. Der Schriftsteller Willy Kramp bringt es auf den Punkt: »Ein Leben ist so viel wert, als es Antwort gibt« (Kramp 1958).

Im Gespräch sind wir gefragt, immer wieder neu und anders. Es befreit uns von der Ichbezogenheit, wenn wir uns füreinander öffnen. Es stärkt unseren Glauben daran, dass es sich lohnt, etwas wegzugeben, weil dabei Resonanz entsteht; Zuwendung, Respekt, Aufmerksamkeit.

Ein waches Hinhören auf das, was ein Freund zu sagen wagt, oder die Kritik eines Kollegen sind, selbst wenn sie schmerzen, immer noch wertvoller, als niemanden zu haben, der hinhört.

Im Gespräch befinden wir uns in einem gemeinsamen Beziehungsraum. Freisein bedeutete ursprünglich, bei Freunden sein, denn beide haben die gleiche indogermanische Wurzel »fri«. Freisein ist also ein In-Beziehung-Sein. Wir sind nicht mehr einsam. Wir sind zusammen. Wir teilen die Lust, lebendig zu sein.

Welche Bedingungen braucht ein gelingendes Gespräch? An erster Stelle: Zeit. Im Sinn von fehlendem Druck und Hast. Will man Fliegen fangen, so ist Geschwindigkeit angesagt, aber nicht im Gespräch. Egal wie schnell wir reden, wir bekommen keinen Applaus dafür, sondern nur für den Gehalt unserer Gedanken. Von Mae West stammt der sinngemäß übersetzte Satz: »Wertvolles verdient es, langsam getan zu werden.« Und Sten Nadolny schrieb: »Langsamkeit ist der Anfang des Gesprächs« (Nadolny 2004).

Wir brauchen sie, um uns nach innen zu wenden und zu fühlen, weil Gefühle Zeit brauchen. Und wir brauchen die Pausen, dieses Lauschen auf etwas, das sich in uns anbahnt und ausbreiten will. Dieses Vakuum, in dem man sich selbst zuhört und staunt, was aus einem herauskommen möchte. Und das Innewerden, bei dem man der eigenen Flüsterstimme in sich lauscht, Dinge denkt oder vor sich sieht, die man aber noch zurückhält, bis der richtige Moment erscheint.

»Die Ehe ist ein langes Gespräch«, sagte Nietzsche. Ich würde seinen Satz erweitern. Unsere Identität wird entscheidend dadurch geprägt, mit wem und wie wir miteinander im Gespräch sind. Wir können uns selbst nicht verstehen, ohne den anderen in den Dialog miteinzubeziehen – nur um den Preis der Selbsttäuschung. Deshalb sind Gespräche lebensnotwendig, weil wir durch sie »Gefühlsdeutlichkeit« entwickeln (Robert Schumann). Unsere Begegnungen sind belebender, sorgfältiger, wacher und interessanter. Facebook, E-Mail, Handy stiften zwar auch Resonanz, aber bei Weitem nicht in dem Maß und in der

Tiefe, wie es ein Gespräch von Angesicht zu Angesicht vermag. Gute Gespräche machen uns nicht nur reicher, sondern auch besser.

Schweigen

Alle lauten Dinge, das Fortissimo der U-Musik, der Schrei beim Fußballtor, die schrille Party, die überbordende Einschaltquote, inszenierte Gefühle vor der Kamera, hinterlassen kaum anhaltende Resonanz. Sie kommen so schnell, wie sie gehen. Resonanz empfängt man, wenn man einen Schritt zurücktritt vom lauten, schnellen Rummelplatz der Hochgefühle. Wer die Stille der Nacht kennt, die stumme Kraft der Berge, das Schweigen im Wald, der weiß, wie das Schweigen einen anfasst und tief berührt. Ein staunender Säugling oder ein liebendes Paar finden sich in ihrer Stille in einem Raum der Resonanz wieder, in dem ihre Gefühle sprechen. Sie sprechen ohne Worte. Das beredte Schweigen, das verstehende, das barmherzige Schweigen, das Schweigen des Lebens, wenn sich eine Blüte öffnet, das Schweigen des Todes nach dem letzten Atemzug. Wer schweigt, ist bei sich selbst in jenem stillen Raum, der die Vorbedingung für Einfühlung, Sammlung, Innehalten – für Resonanz – ist. Deswegen schweigen Liebende, weil sich im Schweigen die Antworten der Liebe besser ausbreiten können als im Reden. Die Liebe ist empfindlich: Je mehr man sie ausspricht, desto eher zieht sie sich zurück. Sie will schwingen und nicht von sich reden machen, damit sie sich schenken kann.

Ein jung verliebtes Paar sitzt eng umschlungen im Mondschein auf einer Bank am Waldesrand. Sie sagt: »Ist das nicht traumhaft schön? Jetzt weiß ich, dass ich dich liebe.« Er antwortet: »Ich wünsche, du hättest es nicht gesagt.« Der Zauber der Liebe war verflogen, weil sie ihn laut und süß kundtat. Ihm war, als hätte sie ihm das Erleben entwendet. Einmal ausgesprochen, war es für ihn nicht mehr erlebbar. Als hätte sich eine Spur Fremdheit in ihre Zweisamkeit eingeschlichen.

Diese Episode zeigt: Liebe ist nicht eine Sache des Beweisens, des Bekennens oder des Willens, sondern des Spürens, Wahrnehmens, Innehaltens. Tief in uns sind das Wissen, die Stille und die Liebeskraft. Liebe ist die absolute Resonanz, die sich, wenn die Zeit reif ist, frei und ohne große Worte schenkt.

Wer dauernd von Schallduschen berieselt wird, dem macht das Schweigen Angst. Angst vor dem Lauschen ins eigene Innere. Angst vor dem Gespenst der inneren Leere. Aber genau dort ist der Ort, an dem wir hellhöriger, feinspüriger werden, um Resonanzen wahrzunehmen, die sonst übertönt werden. Das Wesentliche macht keinen Lärm. Es stellt sich ein im Leisen, in der Stille, nicht im Lauten. »Alles, was lange währt, ist leise«, sagte Joachim Ringelnatz so treffend.

Unsere Verlegenheit zu schweigen hat wohl damit zu tun, dass wir der Sprache der Gefühle nicht mehr viel zutrauen und das Sprechen ohne Worte zu wenig üben. Schweigen ist aber manchmal die beste Lösung. Man atmet aus, beruhigt sich, gewinnt Abstand und Zeit. Aber muss es deswegen Gold sein? Reden ist ja auch kostbar.

Vor allem wenn es um den Austausch mit den Liebsten geht, die mehr als nur stille Verehrung verdienen. Reden kann man mit jedem, aber schweigen kann man nicht mit jedem, denn es öffnet einen intimen Raum, in dem man Gefühle teilt. Deswegen ist es Zeichen tiefer Verbundenheit, wenn Menschen miteinander schweigen können.

Wenn ich an ein Liebespaar denke, das andächtig und schweigend den Sonnenaufgang am Meer genießt, so empfinde ich dieses Schweigen als heilig. Sie diskutieren, argumentieren, kommentieren nicht, sondern sind miteinander verbunden und ganz wach. In der Weite und gleichzeitig in ihrem inneren Raum.

Aber erleben wir nicht oft das ganz andere Schweigen, das dumpfe, bleierne, unnahbare? Nichts bewegt sich mehr, man schottet sich ab und geht sich aus dem Weg. Keine Resonanz mehr.

Das Spektrum des Schweigens ist vielfältig. Es gibt in der Tat Zeitgenossen, deren Mangel an Intelligenz es gebietet, andere sprechen zu lassen, weil ihnen selbst nichts Gescheites einfällt. Auch gibt es solche, die derart zur Höflichkeit erzogen sind, dass sie nur reden, wenn sie wirklich etwas zu sagen haben. Andere wiederum sind Experten im Zuhören und geben kaum etwas von sich selbst preis. Dann gibt es die selektiven Schweiger, die nur dann schweigen, wenn es um ihre persönlichen Gefühle und Regungen geht. Oder die »Abstandhalter«, die jedes Gespräch, das Nähe aufkommen ließe, durch ihr gezieltes Schweigen ersticken. Und die Paare im Restaurant, an deren dumpfen Schweigen man erkennt, dass sie sich nichts mehr zu sagen haben. Ob jemand nun weise, zurück-

haltend, scheu, wund geschwiegen oder einfach sprachlich unbeholfen oder ungeübt ist, manchmal ist einfach
Schluss mit Schweigen und dann ist Reden Gold.

Schweigen ist also nicht immer die höchste, schönste
Form der Kommunikation. Demonstratives Schweigen
kann ein grausames Mittel sein, andere zu verletzen, zu
demontieren und auflaufen zu lassen. Wer je Zeuge eines
solchen einseitigen Dialogs war, weiß, wovon ich spreche.
Der eine der beiden Partner läuft heiß, während der andere mit kaltem »Pokerface« wie ein Fels in der Brandung
scheinbar unbeteiligt vor sich hin schweigt. In Filmszenen
sind solche Szenarien in ihrer Dramatik kaum zu übertreffen. Aber im Alltag entbehren sie nicht einer gewissen Tragik, die mitunter zu gefährlichen Ausbrüchen führen kann.

Schweigen ist also nicht immer Gold. Klug reden ist oft
schwer. Aber Lebenskunst ist eben beides: klug sein und
im richtigen Moment schweigen. Alles zu seiner Zeit, so
sagen die Alten. Der Rest ist Schweigen.

Lächeln

Sie ist kaum zu übertreffen – die Resonanz des Lächelns.
Innerhalb von Sekunden lässt sie sich umsetzen und kostet
keinen Cent. Sollten Sie mir zufällig begegnen, lächeln Sie
einfach. Das genügt völlig. Dem Dasein zuliebe. Lächeln
sucht sich Resonanzkörper, beim Bäcker, im Bus, auf dem
Gemüsemarkt, beim Vortrag, im Gedränge der Universität. Das Lächeln sucht sich seinen Weg wie ein Sonnen-

strahl, der das Enge, Dunkle sekundenlang vertreibt. Als würde es sagen: »Ich weiß Bescheid«, »Du weißt Bescheid«, »Uns allen macht es Vergnügen«. Es fordert nicht, es drängt nicht, es nötigt nicht. Es schenkt Resonanz.

Geht es dir ähnlich wie mir? Bist du auch unsicher? Ängstlich? Aufgeregt? Müde? Lächeln ist eine Einladung: Lass uns freundlich miteinander sein. Lass uns einander ein wenig Schutz schenken. Es ist das Allzumenschliche, das wir einander zugestehen, im Wissen, dass wir alle irgendwie schutzlos sind.

Lächeln ist wie das Stimmen des Instruments für den Musiker. Schneller als jedes Wort klingt es von einem zum Nächsten: Ich will mit dir spielen. Ich stimme mich auf dich ein. Lächeln stößt Resonanz an. Es ist ansteckend. Wer will sich dem entziehen? Nicht zurücklächeln, dazu braucht es einiges an Unfreundlichkeit oder Abwehr. Denn selbst bei einem Fremden lächeln wir spontan zurück. Warum? Weil wir intuitiv wissen, wenn wir reagieren, werden wir beide verändert. Und weil wir »Fellpflege« und Mitspieler brauchen, um zu entspannen. Denn eines schafft das Lächeln: Es fährt unseren Stresspegel herunter, sodass diese hektische Welt für einen Moment zu einem freundlicheren Ort wird.

»Für Resonanz statt Abgrenzung.« So wirbt das Lächeln um die Hektischen, die Einzelgänger, die Fremden und lädt zum Entspannen ein. Dieses »Anstecken« funktioniert sogar, selbst wenn Sie das Lächeln nur vorspielen. Sie dürfen es gern ausprobieren. Sogar ohne die Spiegelneuronen dafür verantwortlich zu machen. Denn allein der Gedanke »Andere sind wie ich. Ärgere ich mich über sie, so ärgere ich mich über mich selbst«, zaubert ein nachsichtiges Lächeln um Augen und Mund. Selbst in Großstädten, die vom wienerischen »Alle Menschen san ma zwider« infiziert sind und tunlichst Blickkontakt meiden, kann ein mutiges Lächeln Resonanz erzeugen, weil alle irgendwie spüren: Vielleicht lohnt es sich doch, ein paar Sonnenstrahlen zu schicken, denn sie kommen zu einem selbst wieder zurück.

Lächeln gibt es nicht im Plural, es ist immer ein Lächeln, das sich beide teilen. Spricht denn etwas dagegen, das Klima ein wenig anzuwärmen und einander immer wieder ein Fünkchen Wärme zu spenden – über das Lächeln?

IV
RESONANZ-
SCHATTENSEITEN

Bewundern

Eigentlich ist es leicht zu durchschauen, das Bewundern. Man erhöht sich im anderen. Man jubelt sich selbst zu im anderen. Wer beispielsweise der Schlagersängerin Helene Fischer bewundernd zujubelt, applaudiert letztlich sich selbst, weil man sich in ihr wiedererkennt oder gern wiedererkennen möchte.

Ist Bewunderung Resonanz? Zumindest ist die Person, die man bewundert, einem nicht gleichgültig. Man schaut zu ihr auf. Man ist beeindruckt, geblendet, verführt, mitunter sogar abhängig. In dieser Einstellung liegt ein hohes Unterwerfungspotenzial. Man macht sich kleiner, damit man den anderen groß machen darf.

Es ist ein großer Unterschied, ob ich jemandem Resonanz schenke oder Bewunderung. Resonanz kennt kein Gefälle, kein »Du da oben, ich hier unten«. Wahre Resonanz ist Symmetrie in der Beziehung. Sie verbindet, fühlt und schwingt mit, ohne dass Stärke oder Schwäche, Groß oder Klein ausschlaggebend sind. Diese Wertungen spielen keine Rolle mehr, weil es um mitfühlende, wechselseitige Anteilnahme, um Austausch geht. Man erzeugt eine Art energetisierendes Feld, in dem Bewegung und Inspiration möglich sind, während die Bewunderung eher statisch, einseitig verläuft und einem etwas nimmt, nämlich die Fähigkeit, ein Gefühl für den eigenen Wert zu entwickeln.

Ein Paar trifft sich in einem Restaurant, beide wirken angespannt. »Ich mag nicht, wie du mich immer anschaust«, sagt er. »Spürst du denn nicht, dass ich dich liebevoll anschaue?«, lächelt sie irritiert.

»Du machst etwas mit mir. Du erwartest etwas, das ich nicht sein will.«

»Soll ich denn wegschauen?«

»Nein, lass mich einfach bei mir selbst sein. Ich habe es satt, vor dir zu ›performen‹. Ich will weder oben noch unten sein, ich will einfach nur bei mir selbst sein – ohne diesen Erwartungsdruck.«

Es scheint, als verteidige der Angebetete mit seinen Vorwürfen sein Selbstsein. Es ist ihre bewundernde Erwartung, die ihn einschnürt. Ist es nicht schmeichelhaft, wenn man bewundert wird? Wogegen wehrt er sich eigentlich? Vielleicht nicht nur gegen ihre Erwartungen, sondern auch gegen diese merkwürdige Leere und Einsamkeit, in die ihn ihre blinde Bewunderung führt.

Auch wenn wir Menschen bewundern, die etwas vollbringen, wozu wir selbst nicht den Mut, die Disziplin, die Motivation, die Begabung hätten. Widerstehen wir der Versuchung, sie zu Helden zu machen! Helden sind Gefangene unserer Projektionen. Wir modellieren sie nach unseren Wunschbildern. Sie sind dazu verurteilt, keine Fehler zu machen, edel, hilfreich, schön und gut zu sein. Wehe, sie zeigen sich in Zügen ihres Wesens als schwach! Plötzlich kippt die Bewunderung in ihr Gegenteil – in die Entwertung. Je höher man gestellt wird, umso tiefer kann man fallen.

Der österreichische Schriftsteller Thomas Bernhard lässt in »Alte Meister: Komödie« seinen Musikschriftsteller Reger sagen: »Bewunderung ist mir fremd, da es das

Wunder nicht gibt, [...] und nichts stößt mich so ab, wie wenn ich Leute beobachte, die bewundern [...]« (Bernhard 1988).

Bewunderung wird also an etwas festgemacht, das es gar nicht gibt. Wunder sind höchst selten, also sollte man sich gut überlegen, was Bewunderung rechtfertigen könnte.

Was wird heute bewundert? Wohl am ehesten das, wofür wir am wenigsten können: Schönheit. Natürlich lebt die Werbung von diesem Versprechen: »Jeder kann schön sein, wenn er nur will.« Aber warum mitbeten in dieser Religion des schönen Scheins? Ich gebe zu, unser Bedürfnis nach körperlicher Schönheit und Attraktivität sitzt tief. Genauso groß ist aber unser Wunsch nach Achtung und Anerkennung. Dies erfordert aufmerksames Hinschauen und Wahrnehmen. Niemand muss sich Achtung verdienen, Achtung schenkt man. Das ist eine Haltung, die uns mehr abverlangt, weil sie ein Schritt auf die innere Freiheit hin ist. Es ist viel anstrengender, sich auf jemanden einzustellen, ihn sehen zu wollen, wie er ist, ihn in seinem Selbstverständnis zu respektieren, als ihn zu bewundern. Bewunderung schafft Abstand. Anerkennung und Resonanz schaffen, wohl wissend, dass man nicht alles versteht und dass immer ein Rest Fremdheit bleibt. Respektieren, achten, anerkennen, das sind die Haltungen, die Resonanz ermöglichen. Aber brauchen wir dazu nicht auch eine große Portion Begeisterung, die uns in ihrer geistigen Lebendigkeit den nötigen Elan, die Flügel verleiht, sich und andere zu hinterfragen, hinzuschauen, sich Kritik auszusetzen und offen für Gespräche und Auseinandersetzungen zu sein? Das klingt zwar nicht sonderlich heroisch, aber es würde den Austausch miteinander voranbringen, weil es die Projektionen und Verzerrungen korrigiert. Es würde uns unser Recht, Fehler zu machen, zurückgeben und uns die Chance geben, an ihnen zu wachsen.

Am Eingang des Tempels von Delphi stand nicht nur »Erkenne dich selbst«, sondern auch »Du bist«. Darin lese ich, egal was für Schwächen, dunkle Seiten du hast, du bist, du darfst sein, du bist gewollt.

Wenn die Resonanz ausbleibt

In Großstädten sind Menschen überlastet mit Eindrücken, Reizen, Dichte und Anonymität. Die Sinne werden dadurch derart beansprucht, dass zwangsläufig die Schutzreflexe eingeschaltet werden. Eine selektive Wahrnehmung und voranschreitende Gleichgültigkeit sind die Folgen. Man schaltet auf Standby, kein Empfang, wegschauen. Und weil es alle machen, findet niemand etwas dabei. Diese Schutzhaltung hat aber auch ihre bedrohliche Seite. Unmerklich setzt es unsere Resonanz nicht nur für andere, sondern auch für uns selbst herab. In einer Umgebung, in der jeder sich schützt und absichert, wird Gleichgültigkeit eingeübt. Wir antworten nicht mehr, weil jeder nur noch mit seiner eigenen Rüstung und Deckung beschäftigt ist, und wir haben den Eindruck, dass auch uns niemand mehr beachtet. Jeder schottet sich irgendwie ab und schützt seine eigene kleine vertraute Insel. Die Folge: Auf der Straße, in der U-Bahn, im Bus, beim Einkaufen, auf dem Markt begegnen wir nur noch Fremden, deren

Leben sich nicht mehr berühren. Es entsteht eine Kälte der Wechselseitigkeit, der Atem der Empathie fließt nicht mehr. Er stockt. Man fühlt sich nicht mehr angesprochen.

In solch einem Klima wird persönliche Nähe aufgewertet, weil sie eher die Ausnahme ist. Ein Student meinte: »Das Normale ist doch das Coole, die Distanz, nicht die Nähe. Nähe ist heute was Besonderes, eher was für Ältere.« Eine Studentin beschreibt es: »Ich kann machen, was ich will. Es bringt nichts, außer dass sie mir den Kühlschrank leer essen.« So sprechen Menschen, die zu wenig gute Resonanz erleben. Sie haben zu oft erfahren, dass Großzügigkeit nicht mit Dankbarkeit belohnt wird. Dass die Coolen unversehrt durchkommen und die Netten zurückbleiben. Aber immerhin, sie drohen nicht mit Revanche, sondern sind einfach enttäuscht und resigniert, weil die Reaktionen der anderen nicht zu ihren Erwartungen passen.

Es gibt unterschiedliche Schattierungen mangelnder Resonanz. Die bequemste: Man zieht sich einfach zurück, antwortet nicht mehr und lässt den anderen auflaufen. Wenn nicht, dann halt nicht. Kein Nachdenken, der Fall ist erledigt! Der Nächste bitte! Dabei spielen Selbstschutz, Überforderung oder auch Aggression eine Rolle. Jedenfalls spricht man der momentanen eigenen Gefühlslage eine derartige Unfehlbarkeit zu, die man ansonsten selbst dem Papst übelnehmen würde. Was diese Haltung beim anderen auslöst, ist wahrscheinlich nicht nur Wut, sondern auch Ohnmacht oder Traurigkeit. Und vielleicht ein Rest Hoffnung, da er spürt, dass hinter diesem abrupten Fassadenwechsel eine gespielte Stärke steckt, die nur die Kehrseite der Feigheit ist.

Oder man verweigert dem anderen Resonanz, indem man tut, als wäre nichts geschehen: Man nimmt zur Kenntnis, dass der andere eine Leistung vollbracht hat, aber man gönnt ihm nicht die Wertschätzung. Eine Kollegin von mir erzählt: »Ich habe in meiner Supervisionsgruppe von meinem Vortrag berichtet, der beim Publikum große Resonanz fand. Eine der Supervisandinnen meinte daraufhin: ›Wie bin ich froh, dass ich so was nicht nötig habe!‹« Eine Einstellung, die die ganze Gruppe erst einmal sprachlos machte. Statt Wertschätzung ließ sie ihre Kollegin ins Leere laufen und demonstrierte ihr auch noch, wie bemitleidenswert sie sie empfindet. Ganz abgesehen von dieser Art passiver Aggression, die der anderen ihren Erfolg nicht gönnt, kommt hier noch das triumphierende Gefühl dazu, als würde sie sich über ihre eigene reine, bedürfnislose Seele freuen, die nicht einmal Wertschätzung braucht. Diese merkwürdige Art des negativen Genießens und »Nicht-Gönnens« ist eine Spielart des Geizes, die eben doch nicht so geil ist, wie es die Werbung verheißt. Im Gegenteil, er kommt einem, was die Dimension des gefühlten Antwortens und der Nähe betrifft, teuer zu stehen: Gefühlsfrust und Gefühlsfrost. Ein anderes Beispiel: Eine Frau erzählt ihrer Bekannten überglücklich, dass sie kürzlich geheiratet hat. Darauf deren Reaktion: »Freut mich«, in einem Tonfall, den man vielleicht in einem Wetterbericht erwarten würde. Unüberhörbar, dass diese Bekannte sich nicht darüber freuen konnte.

Vor Kurzem bekam ich ein Gespräch zwischen zwei Kolleginnen mit: »Stell dir vor, dann hab ich das gemacht ...« – keine Reaktion – »Ist das nicht toll, oder?« –

keine Reaktion – »Aber ist das nicht unglaublich, oder?« –
»Tut mir leid, ich muss jetzt gehen, ich habe heute noch
wahnsinnig viel zu erledigen.«

Dieser Dialog demonstriert, wie man jemanden »aushun-
gern« kann, wenn die gefühlte Antwort ausbleibt. Schon allein die immer wiederkehrenden Fragen bis hin zum Selbst-
lob, als Entschädigung für das Lob von außen, belegen dieses
demonstrative Ausbleiben an Resonanz. Solche verweigerte
Bestätigung untergräbt das Selbstwertgefühl. Warum? Weil
unser Selbstwertgefühl entschieden von der Resonanz unserer sozialen Mitwelt abhängt. Vor allem von denen, die uns
persönlich und beruflich nahestehen. Wenn sich jemand auf
derartige Weise durch Nichtbeachtung distanziert, kann das
kränken. »Der kann mich mal«, reagiert man dann beleidigt oder wehrt sich mit gewollter Überheblichkeit: »Sie ist
es doch nicht wert, dass ich mich aufrege«, »Darüber stehe
ich«, »Das habe ich doch nicht nötig«.

Solch ein Erleben ist zwar verletzend, aber letztlich
weiß man, dass hinter dieser Fassade der Nichtbeachtung
ein gewisses Engagement vorhanden ist, und sei es Neid.
So ist immerhin nicht alles verspielt und man hat sein Gesicht nicht verloren.

Gravierender ist der Resonanzabbruch durch Gleichgültigkeit. Weil hier die Resonanz auch im Innern abge-
brochen ist. Die Gefühle sind stumm, frei von Mitgefühl.
Die Bereitschaft, sich in den anderen zu versetzen oder zu
erkennen, »der andere könnte ich sein«, ist erloschen. Die
Gefühle haben auf »kein Empfang« geschaltet. Der andere existiert zwar noch, aber er ist keiner mehr, mit dem
ich ein Erleben teile. Seine Chancen, mehr als nur regis-

triert zu werden, stehen schlecht, weil das Gefühlsengagement heruntergefahren wurde. Eine Tochter schreibt an ihren Vater: »Bin gerade zurückgekehrt von meinen Ferien. Bis irgendwann.« Dieses nichtssagende, coole Desinteresse belegt die Erosion als Symptom eines Rückzuges, der grausam ist. Eine Kündigung, die besagt: »Ich bin ausgestiegen. Du erfährst nur noch Plattitüden von mir«. Die frühere Beachtung und Nähe hat sich aus der Beziehung verflüchtigt, da ist nur noch der kühle, abstrakte Rest als Pflichtgruß, Kollege, Wissensressource, Pflichtbesuch, Informationsquelle – that's it! Das Wichtigste fehlt: die Wärme gefühlter Resonanz.

Da Resonanz nicht gefordert, erbettelt oder erzwungen werden kann, bleibt nur das demütigende Gefühl der eigenen Ohnmacht: Ich kann nichts tun. Jeder Versuch einzulenken, Wohlwollen zu erbitten, treibt den anderen noch weiter weg und einen selbst in die Scham der Lächerlichkeit. »Ich fühle mich wie ein schockgefrostetes Huhn«, so beschrieb eine Frau diesen Zustand der Ohnmacht angesichts der kalten Augen ihres Partners, der sie nicht mehr sehen will, sondern nur noch registriert.

Sandra, eine begabte Kunststudentin, die ihr Glück in der großen Welt der kreativen Medien versuchte, musste erkennen, dass die Welt vor allem denen offenstand, die ihre Ellenbogen benutzten oder überangepasst waren. Es war ein großer Schock für sie, dass ihre Begabung nicht für sich sprach und auch nicht genügte, um Beachtung und Resonanz anzuziehen. Ihr Strom an Kreativität versiegte, ihre Welt schrumpfte immer mehr. Sie konnte sich nicht an die gängigen Methoden des Erfolgs, des Sich-Verbiegens, des So-tun-als-ob anpassen. Man grüßte sie, allenfalls lächelte man über sie und ließ sie einfach machen, ohne ihre Arbeit zu beachten oder zu würdigen – bis sie eines Tages nur noch im Bett blieb. Und nicht einmal das wurde registriert.

Vielleicht ist das ein extremes Beispiel, aber es macht betroffen, wenn man beobachtet, was mit Menschen geschieht, die durch mangelnde Resonanz das Vertrauen in sich selbst verlieren, an sich selbst zweifeln und regelrecht »schrumpfen«, bis sie schließlich in einem resonanzlosen Raum landen und sich auch dementsprechend verhalten. Wenn man einmal festgenagelt ist auf bestimmte Eigenschaften – vor allem wenn es anhaltend geschieht –, besteht die Gefahr, dass man auch selbst an die Richtigkeit des Urteils der anderen glaubt und ihre Zuschreibungen übernimmt. »Ich kam einfach nie an, egal was ich machte. Mit der Zeit hatte ich selbst das Gefühl, ich sei nicht richtig, nicht wie die anderen.« In diesen Worten können sich jene wiederfinden, die versuchen durch manchmal auffälliges Verhalten, provokative Kleidung, besondere Hilfsbereitschaft, enorme Leistungsbereitschaft die ersehnte Resonanz zu erringen.

Die Übergänge zwischen den Stufen ausbleibender Resonanz sind fließend. Ihre Temperaturen fluktuieren zwischen lauwarm und eiskalt. Gemeinsam ist ihnen, dass die Reaktionen auf das Erleben des anderen immer gefühlsärmer werden, bis sie gänzlich ausbleiben. Die Auswirkungen dieses Gefühlfrosts sind nicht nur schmerzlich, man schrumpft förmlich, wie das an Sandras Beispiel drastisch deutlich wurde.

Andere beeinflussen uns

Wir können uns nicht dem entziehen, wie andere uns wahrnehmen, ob sie uns mögen oder ablehnen, ob sie uns antworten oder nicht, ob sie uns sehen oder übersehen. Alles, was wir sagen, tun oder unterlassen, hat immer eine Wirkung auf andere. Unsere Selbstwahrnehmung wird beeinflusst davon, wie andere uns wahrnehmen. Wer wir sind, finden wir in der Resonanz mit anderen heraus.

Eine Studentengruppe trifft sich. Einer stolpert in den Raum und kann sich gerade noch auffangen, sein Laptop fällt aus der Tasche. Er spürt die vieldeutigen Blicke, das verstohlene Grinsen, das schadenfrohe Geraune. Zwei Studentinnen flüstern: »Wieder mal typisch – echter Vollpfosten.« Gekicher im Raum, mir fährt es in die Magengrube, ich schlucke tief, bevor ich ein Wörtchen sage.

Ob wir wollen oder nicht, alles, was wir sagen oder tun, was uns widerfährt, wirkt sich darauf aus, wie wir wahrgenommen werden. Und wird auch daraufhin gedeutet, wer wir sind und als was wir gelten. Wie mag der Student sich gefühlt haben? Wie peinlich und grausam für ihn, für einen »Vollpfosten« gehalten zu werden. Ich hatte den Eindruck, dass er schon öfter Kommentare in der geschilderten Art auf seine kleinen Missgeschicke anhören musste, denn er reagierte fast unterwürfig, als wolle er sich bei den anderen für seine Ungeschicklichkeit entschuldigen.

Wären die anderen aufgesprungen und hätten ihm geholfen oder gefragt, ob alles in Ordnung sei, wäre er in einem anderen Licht dagestanden und hätte sich sicher

auch selbst anders wahrgenommen als in dieser demontie-
renden Weise. Ich konnte förmlich hören, wie er zu sich
selbst sagte: »Was bin ich für ein Loser!«

Wer wir sind, entdecken wir in der Begegnung mit anderen. Sie interpretieren alles, was wir sagen oder tun, und
spiegeln uns, als was wir gelten. Das wiederum fließt in
unsere Selbstwahrnehmung ein, bis wir es irgendwann
übernehmen: »So bin ich!« Ob es wohlwollend ist oder
nicht. Wer sich nicht einbringen kann, ist gefährdet. Wer
nicht gesehen wird, braucht enorme Widerstandskraft,
um nicht die Identifikation mit dem Verächtlichen zu suchen. Denn der Gegenpol zu verweigerter Resonanz ist
die Verachtung.

Wenn andere auf meine Ideen oder Vorschläge keine
Resonanz geben, hat dies nicht nur auf der sachlichen Ebe-
ne Folgen, sondern auch darauf, wie ich mich als Person
wertgeschätzt fühle und mich selbst wahrnehme. Wenn
ich aber merke, dass man meine Ideen aufgreift, mich ein-
bezieht und immer wieder daraufhin anspricht, entwickelt
sich plötzlich Resonanz, die sich auch auf meine Selbstwahrnehmung positiv auswirkt.

In seiner Erzählung »Der andorranische Jude« hat Max
Frisch eindrücklich gezeigt, wie unsere Selbstwahrnehmung durch die Reaktion unseres Umfeldes gelenkt wird.
Es geht um einen jungen in Andorra lebenden Mann, der
durch Vorurteile seiner Mitbürger zu dem gemacht wurde, was sie in ihm sehen wollten – zu einem Juden. Nach
dessen Tod stellte sich heraus, dass er wie sie ein Andor-
raner war. Hier zeigt sich, was Vorurteile anrichten können. Der Junge wollte sich nur anpassen und sein wie alle

anderen, bis er irgendwann, da er sich anders fühlte, sich selbst für einen Juden hielt, weil er glaubte, was man ihm nachsagte, und zu dem wurde, wofür sie ihn hielten. Ihre Wahrnehmung, die zu seiner Selbstwahrnehmung wurde, ging so weit, dass er mit dem Leben bezahlte.

Unsere Selbstwahrnehmung wird beeinflusst davon, wie andere uns Resonanz geben. Wir können kaum anders, als es in unserem Verhalten und Handeln zu berücksichtigen. Das wirkt sich auf unser Verhalten aus. Wir wollen gut dastehen, einen guten Eindruck hinterlassen, ein gutes Echo bewirken, weil wir immer mit den anderen rechnen, durch die wir herausfinden, wer wir sind.

Narzissmus und Resonanz

Das im alltäglichen Sprachgebrauch als Selbstverliebtheit bekannte Phänomen »Narzissmus« zeigt, welche gravierenden Folgen mangelnde Resonanz haben kann. Hier steht das Gefühl fehlender Resonanz im Zentrum unbewusster Fantasien und führt zu kompensatorischen Verhaltensweisen. Narzissmus – so lehrt die neuere psychoanalytische Forschung (Bohleber 1999, Altmeyer 2009) – bedeutet ein gestörtes Verhältnis zum anderen und auch zu sich selbst. Die ihm nachgesagte übersteigerte Selbstbevorzugung und das zur Grandiosität verklärte Selbst verbergen genau Gegenteiliges: Erfahrungen von Kränkung, Ohnmacht, Ablehnung, Verlassenheit. In allen Branchen gibt es sie, die Getriebenen, die Narzissten, die danach lechzen, sich zu zeigen, ungefragt Auskunft über sich zu geben. Sie bringen uns zum Lachen, zum Nachdenken, zum Bewundern oder Ablehnen. Was treibt sie eigentlich an? Aus welchen Quellen speist sich ihre Motivation, Resonanz anzuziehen, Großes zu leisten? Warum lesen sich viele Biografien erfolgreicher Künstler wie psychopathologische Befunde?

Aus der Distanz mögen wir sie als Moderatoren, Entertainer, Künstler, Politiker, Manager. Wir schmunzeln, wenn eine Diva meint: »Je mehr Leute ich kennenlerne, desto mehr mag ich mich.« Kommt man ihnen näher, so schrumpft ihr Charme. Wir sind uns nicht sicher, ob wir sie lächerlich, beängstigend, eitel oder komisch finden sollen. Gerät man in die Mühlen eines narzisstischen Szenariums, so schwindet offenbar die Distanz – auch zu sich selbst.

Leitend, kreativ, künstlerisch, sportlich, aktiv – diese Attribute scheinen ein idealer Nährboden für narzisstische Entfaltungsmöglichkeiten, die oft in eine unerklärliche Depression und Leere münden, zu sein. Wo andere sich einem erfüllenden Tun hingeben, neigen Narzissten dazu, in Selbstüberschätzung und Einsamkeit zu verfallen. Auffallend ist, dass es bei diesen Menschen von abwesenden Vätern, oder solchen, die man sich lieber weggewünscht hätte, nur so wimmelt. Es scheint, als hätten ihnen Grenzen, ja die väterliche Grenzsetzung im Besonderen, gefehlt (siehe Barack Obama, Gerhard Schröder). Diese fehlende Resonanz begünstigte einerseits ihr Charisma und die übertriebenen Erwartungen an sie selbst, aber auf der anderen Seite eben auch die Selbstüberhebung, die Selbstermächtigung. So kann Leistung zum inneren Zwang werden, um die beschädigte Persönlichkeit kurzfristig zu stabilisieren. Irgendwann gerät sie zur Ersatzhandlung, verlangt immer höhere Dosen bis hin zur Selbstbesoffenheit und Selbstschädigung. Während Künstler vorwiegend sich selbst verschleißen, können Narzissten in führenden Positionen auch andere mit in den Abgrund reißen.

Narzissmus darf aber nicht verharmlosend mit Eitelkeit gleichgesetzt werden, da er mit dauerhaftem Stress und erheblichen Frustrationen verbunden ist. Psychotherapeuten sind sich einig, dass narzisstische Menschen nicht zu viel, sondern eher zu wenig Selbstgefühl besitzen und daher verzweifelt auf der Suche sind, von anderen wahrgenommen und anerkannt zu werden. Narzisstische Erwachsene sind keine verwöhnten Kinder, über die sich das Füllhorn der Liebe im Übermaß verströmt hat. Im Gegenteil, sie sind die »gebrauchten« oder ausgebeuteten Kinder, die nicht in ihrer Eigenart gesehen wurden, die in ihrem Wesen nicht erkannt wurden und zu wenig einfühlsame Resonanz und Spiegelung erhielten.

Was geschieht, wenn man in seiner Eigenart nicht gesehen wird? Man richtet seine Antennen nach außen, reagiert auf die Bedürfnisse seiner Bezugspersonen und passt sich dem an, was von einem gewünscht und erwartet wird, oder was man glaubt, dass von einem gewünscht wird. Das eigene Selbst kann sich nicht entwickeln und differenzieren, weil es nicht gelebt werden darf. Weder die Eigenresonanz noch die Resonanz anderer können sich entfalten, stattdessen entwickelt sich ein stummer oder um Aufmerksamkeit heischender, anstrengender Kampf um Anerkennung.

Ob nun Selbstüberschätzung oder Selbstherabsetzung in den Vordergrund rücken, beide sind Ausdruck eines gestörten Selbstwerterlebens. Der Selbstüberhebliche, mit einem scharfen Blick für die Schwächen und die Geltungssucht der anderen ausgerüstet, oder der Selbstbescheidene, der auf keinen Fall im Mittelpunkt stehen will und jedes Lob abwehrt – beide verkörpern die zwei Seiten der Medaille überhöhter Selbstansprüche. Ein Beispiel dafür: Ein Anwalt, der sich durch seinen hohen Einsatz für seine Klienten auszeichnet, erfährt immer wieder Einbrüche seines Selbstwertgefühls, wenn er kritisiert oder zu wenig bestätigt wird. Unbewusst erwartet er Dankbarkeit, vor allem von denen, für die er sich besonders einsetzt, während er nach außen die Bedeutung dieser Anerkennung herunterspielt, sie ignoriert oder bagatellisierend sagt: »Das gehört zu meinem Job.«

Die überhöhte Selbstdarstellung und auch ihr Gegenpart, die Selbstverkleinerung oder der gekränkte Rückzug von der Welt, wollen doch im Grunde auch nur die spiegelnde Resonanz von außen. Fällt sie aus, droht die Vernichtungsangst, die Angst, unbeachtet zu bleiben, niemandem etwas zu bedeuten oder ein »Nichts« zu sein.

Auch in weniger dramatischer Ausformung kennt wohl jeder Erfahrungen, die zeigen, wie sich die Innenwelt in der Außenwelt spiegeln kann. Man braucht sich bloß daran zu erinnern, wie man nach einem freudigen Erlebnis die Welt plötzlich mit anderen Augen sah. Man fühlt sich wohlwollend angeblickt, selbst das graue Wetter scheint plötzlich freundlicher. Und umgekehrt, wenn man verstimmt ist, fällt einem auf, wie viele unfreundliche Menschen den eigenen Weg kreuzen. »Unglaublich, wie viele Depressive in dieser Stadt herumlaufen!«, kommentierte eine Zeitungsausträgerin, die gerade selbst in einer depressiven Krise steckte.

Wenn jemand aus einem Gefühl innerer Leere auf die Umwelt reagiert, so erwartet er eine stabilisierende, sein Selbstgefühl aufbauende Beachtung von außen. Aber er hat die falsche Lektion gelernt: Dass es Liebe ist, wenn er sich anstrengt, verausgabt und bewundert fühlt; dass es Liebe ist, wenn er der Welt beweist, dass er besser, erfolgreicher oder zumindest »ein Held« ist. Und er hat gelernt, dass er all das, was er an Resonanz braucht, sich weder selbst geben noch von anderen erbitten kann. Diese Suche nach grandiosen Beweisen wird aber unbefriedigt bleiben, da Bewunderung immer nur Ersatz für den nie gestillten Wunsch nach Resonanz bleibt. Sein leicht kränkbarer Stolz wird immer wieder dazu führen, dass er sich beleidigt zurückzieht: »Wie kann man sich erlauben, mich anzugreifen?« So neigt er dazu, die anderen abzuwerten, weil sie wieder nicht »die Richtigen« sind. Weil aber dieser unersättliche Kampf um Beachtung so aussichtslos ist, wird der Kampf immer verbitterter, abweisender und einsamer. Es sei denn, es würde gelingen, den Feind von innen her beim Schopf zu packen.

Wie ist dieser Teufelskreis zu durchbrechen? Sicher dort, wo der Mangel an Beachtung seinen Anfang gefunden hat. Fragt man sich, weshalb einige nur einen so geringen Vorrat an Beachtung speichern können, so gerät man meist auf Spuren, die weit in der Kindheit oder manchmal sogar über Generationen hinweg zurückliegen.

Ein Weg wäre, um sich mit diesen Wunden, die auf ihre Beachtung warten, auf eine Psychotherapie einzulassen. Hier läge die Chance, Gefühle, erwachende Schmerzen und alte Narben nochmals mithilfe eines Zeugen wiederzubeleben und zu verarbeiten. Ein anderer Weg, Resonanz und ihre Wahrnehmung besser zu verstehen, wäre die eigenständige Exkursion in die persönliche Lebensgeschichte. Indem man sich mit der eigenen Vergangenheit und deren Auswirkung auf die Gegenwart auseinandersetzt, kann sich Verstehen anbahnen, und das Ganze läuft nicht mehr so unbewusst ab.

Will man sich selbst verstehen, bleibt die Spurensuche in Erinnerungen, Geschichten der Vergangenheit unerlässlich. Oder man nimmt sich ein paar ausgewählte Fotos aus der Kindheit und Jugend vor und fragt: Welches Gefühlsklima herrschte in meiner Familie? Wie habe ich mich selbst erlebt? Was haben mir die anderen über mich vermittelt? Wie wurde ich wahrgenommen? Welche Fotos mag ich besonders? Welche gar nicht? Welche Familienwerte wurden bei uns gefordert und gefördert?

Selbst wenn dadurch alte Einflüsse nicht gleich gebannt werden können – immerhin war man ihnen lange Zeit ausgesetzt –, so werfen sie doch ein neues Licht auf die Gegenwart. Wir verstehen besser, wie wir zu dem geworden sind, was wir sind. Wer will ich werden? Was will ich sein? Wo sind meine Grenzen? Wo setzen mir andere Grenzen? All diese Fragen steigern den Appetit auf ein Leben, das nicht imponierend, sondern wertvoll sein könnte.

Langeweile verhindert Resonanz

Langeweile – ist der Feind engagierter Resonanz. Wir spüren sie, ohne sie genau benennen zu können. Eine ältere Dame findet eine schöne Umschreibung: »Langeweile ist ein sommerlicher Sonntag, wenn keine Menschenseele auf der Straße ist und nicht mal ein Gewitter aufkommt.« Ihre Antwort »Menschenseele« trifft den Kern intuitiv. Das Langweilige ist dort, wo die Seele fehlt. In diesem schönen Begriff »Seele« schwingt so vieles mit, was genau das einfängt, das der Langeweile fehlt. »Seele« (sela) meint im Althochdeutschen so viel wie »die Bewegliche«. Der Langeweile fehlt die Bewegung, die Resonanz des Frage-Antwort-Spiels, das bewegt und berührt. Deswegen führen Gespräche ins gemeinsame Abwärts, wenn nur Worte, Allgemeinplätze und Phrasen ausgetauscht, aber nichts Gefühltes geteilt wird, denn Fühlen und Empfinden sind Bewegungen im Innern des Menschen. »Am langweiligsten schien mir seit jeher das Reden in fertigen Phrasen«, kommentiert der Philosoph Peter Sloterdijk dieses Phänomen bösartiger Langeweile, das einen dem Überdruss und Vitalitätsmangel ausliefert.

> *Ich weiß nicht, ob Sie solche Situationen kennen:*
> *Man wechselt ein paar Worte mit einem Menschen,*
> *der dir nicht einmal a priori unsympathisch*
> *sein muss. Nach drei, vier ausgetauschten*
> *Sätzen fühlst du dich lebensmüde. Es ist, als ob*
> *die vitale Batterie binnen Sekunden entleert*
> *worden wäre, und du weißt nicht, warum.*
>
> (Peter Sloterdijk 2014)

So erlebt er die Langeweile, die so tödlich ist, wie ihr nachgesagt wird: nämlich todlangweilig.

Da denke ich an die Frau, die vor lauter Langeweile drei Mal täglich schwimmen geht. »Ich schwimme jetzt schon 2550 Meter«, so bemisst sie ihr eintöniges Pflichtprogramm. Tatsächlich hätte es heißen müssen: »Mein täglicher K(r)ampf gegen die Langeweile.«

Ist das wirklich genug, wenn ich täglich meine Statusmeldungen bei Facebook aktualisiere und auf die Likes und Kommentare warte? Der Soziologe Hartmut Rosa spricht in diesem Zusammenhang von der »antwortenden Welt« (Rosa 2013). Solange man beschäftigt ist und dem Leben etwas abgewinnen, abverlangen will, langweilt man sich nicht. Jeder kennt es, wenn man etwas begeistert ausübt – Klavier spielen, tanzen, ein spannendes Buch lesen –, da vergeht die Zeit wie im Fluge. Da antwortet und atmet die Welt, weil man mit ihr echt kommuniziert.

Hat man das Nötige, Erstrebenswerte erreicht, entdeckt man mitunter, dass irgendetwas fehlt, dass man allein ist. Die Welt antwortet nicht oder man hat den Kontakt zur Welt verloren. Da ist eine Ohnmacht, als würde man in eine tote Leitung rufen und keine Antwort kommt zurück. Plötzlich empfindet man diese merkwürdige Leere, die einem die Zeit lang oder lästig erscheinen lässt. Was da auf der Strecke bleibt, ist die Freude am Lebendigen, am Sehen, Hören, Spüren, Fühlen. Die Welt wird monoton, die Selbstgespräche inhaltlos, ohne innere Gefährten, ohne Themen. Man ist auf sich selbst zurückgeworfen, einsam, ohne Resonanz zu anderen.

Natürlich gibt es auch eine gute Langeweile. Beispielsweise die luxuriöse Langeweile der verdienten Erholung, die Langeweile des endlosen Meeresrauschens, die geduld-

fördernde Langeweile einer langen Zugfahrt. Diese Formen der Langeweile schmerzen nicht, weil man sich irgendwie zeitlos und aufgehoben fühlt.

Sich mit jemand anderem zu langweilen ist etwas anderes. Es ist ein Schmerz, der monoton und frostig ist, da
der andere einen kalt und allein zurücklässt. Die Zeit wird
als Last empfunden. Die Freude am Austausch schrumpft.
Man weiß nicht mehr, wie man sich ausdrücken soll, die
Worte werden mühsam, zäh und abstrakt. Die Geistesge-
genwart zieht sich zurück, weil einem Hören und Sehen
vergeht. Es gibt nichts mehr zu sagen.

Wie kommt es zu diesem Nichts-mehr-sagen-Wollen?
Es sind die Phrasen, die Allgemeinplätze und Versatzstü-
cke, die man angeboten bekommt, die einen so merkwürdig entleeren, da sie keine echten, gefühlten Sätze sind. Da
ist keine Bewegung, kein inneres Engagement, deswegen
fühlt man sich auf sich selbst zurückgeworfen und nicht
gemeint. Man tauscht Floskeln und Nettigkeiten aus, aber
als Erlebender, Fühlender ist man nicht angesprochen.
Man fühlt sich ausgesaugt, vor allem wenn man Kaskaden
von Fragen bekommt, die ja eigentlich keine sind, sondern eher Unterstellungen in Frageform. Diese »Verdum-
mungsangebote« führen zu nichts anderem als zu Isolation
und diesem deprimierenden Erstickungsgefühl: »Nichts
Neues unter der Sonne.«

Vor allem wenn sie einhergehen mit einem zementier-
ten Weltbild, das keine Fenster mehr hat, aus denen man
herausschauen kann, um ab und zu etwas Neues zu entdecken.

In der Abwärtsspirale

Niemand schätzt mich. Keiner mag mich. Niemand erwartet etwas von mir. Keiner traut mir etwas zu. Niemand lädt mich ein. So sprechen Menschen, die ihre Gefühle der Resonanzlosigkeit beschreiben. Resonanz schenkt Beachtung, und wer beachtet wird, achtet sich auch selbst. Allein schaffe ich es nicht, aber wenn andere mir zeigen: »Ich sehe dich. Ich höre dir zu. Ich bin gern mit dir.« Dann weitet sich meine Seele und ich öffne mich.

So einfach ist die Gleichung – und so grausam ist sie. Wer ohne Resonanz lebt, gerät in den Sog: »Ich bin nichts wert.« Und wer wahrgenommen wird und Resonanz erhält, ist Mitspieler im Resonanzraum.

Viele wissen nicht, was ihnen fehlt, sie spüren nur diese dunklen Wolken des Nicht-Erreichten trotz harter Arbeit, des Nicht-Gelungenen trotz besten Willens, des Nicht-wieder-gut-zu-Machenden trotz kluger Einsichten. Im Versuch, den Zumutungen an Verantwortung und sinkendem Selbstwertgefühl zu entkommen, flüchten sie in die grauen Arme der Melancholie oder Depression. Die Ursachen zu kennen – Monotonie, Langeweile, Alkohol, Entmutigung, endlose Stunden vor dem Fernseher – reicht nicht. Wer derart auf sich selbst zurückgeworfen ist, braucht ein Gegenüber – wache Augen und warme Hände. Oder jemanden, der konkrete, wortlose Begleitung schenkt, ohne die Erwartung, dass sogleich Heilung geschieht. Jemand, der einfach da ist, mitfühlt und geduldig warten kann, bis Funken von Resonanz überspringen.

Diese dunklen Nächte der Depression haben viele Gesichter, bis hin zur klinischen Ausprägung. Gemeinsam ist
ihnen, dass die Resonanz, die vom Geben und Nehmen
belebt wird, verkümmert oder gar verstummt ist. Ein erster
Schritt aus dieser Dunkelheit ist die Erinnerung und Refle-
xion: Was sind meine Wünsche und Hoffnungen? Merkwürdig, dass es vielen leichterfällt, über ihren schmerzen-
den Rücken oder ihren dicken Bauch zu sprechen als über
ihre Wünsche und Hoffnungen. Dabei sind Hoffnungen
und Wünsche unsere stärksten Zugkräfte, die uns in neue
Lebenserfahrungen ziehen. Aber vielleicht ist es die Scham,
die uns verstummen oder signalisieren lässt: »Ich brauch
dich nicht.« Wir schämen uns, weil wir um die Enttäusch-
barkeit unserer Wünsche wissen und wie leicht sie überhört werden können. Wenn wir es uns selbst nicht zutrau-
en, brauchen wir andere, die uns sagen: »Ich höre dich!«

Wie können Menschen den Weg ins Sich-Anvertrauen
wagen? Dafür braucht es Mut, auszusteigen aus dem aner-
zogenen Einzelkämpfertum. Der erlösende Satz: »Darf ich
dir etwas anvertrauen, was mir schwerfällt?«, hilft selbst
dann, wenn man sich schwach fühlt, weil er den anderen aufwertet. Statt zu flüchten, sollten wir uns eingestehen, dass wir den anderen brauchen. Dadurch appellieren
wir an seine Großzügigkeit. Ein mutiges Eingeständnis ist
entwaffnend, weil es auch den Mut des anderen weckt.
Es geht nicht mehr um Gewinnen oder Verlieren, sondern darum, dass beide spüren, dass das, was sie verbindet,
wichtiger ist als das, was sie voneinander trennt.

Seit Agnes allein lebt, ist sie in eine Krise geraten, fühlt
sich wie ein gestürzter Baum in einem leeren Wald. Allein

in ihrer Wohnung, die sie sich so gemütlich eingerichtet hat, kommt sie sich vor wie in einer Mondlandschaft. Da ist so wenig, was wärmt. Mit ihren Freundinnen kann sie über wichtige Dinge reden, über ihre Enkelin, die nächste Reise, die Histamin-Allergie. Was ihr fehlt, ist diese tägliche Fellpflege an Beobachtungen, Meinungen, Wünschen, Klagen. Wen interessiert schon, ob sie kalte Füße hat, die Haare schneiden soll, den Schlüssel verlegt oder den Zug verpasst hat? Soll sie der Kassiererin im Supermarkt erzählen, dass sie den Kuchen kauft, weil ihre Cousine am Sonntag zum Kaffee kommt? Sie antizipiert die Reaktionen in der Schlange hinter ihr und lässt es lieber bleiben. »Auf was warte ich eigentlich?«, fragt sie.

Bei ihr ist es die Einsamkeit, die diese Depression und Traurigkeit zu Dauergästen macht. Wenn jemand in diesen Tälern landet, gibt es dafür einen Grund – der Partner geht, eine Freundschaft zerbricht, die Kündigung, der Schatten auf der Lunge –, aber manchmal gibt es auch keinen Grund, jedenfalls keinen sichtbaren, konkreten. Außer vielleicht die bittere Erkenntnis wie bei dieser Endsechzigerin: »Ich habe mein Leben lang hart gearbeitet, sämtliche Erwartungen erfüllt und merke mit Schrecken, wie schnell die anderen mich vergessen. Es ist hart anzuerkennen, dass das Leben nur ein Hauch ist.« Eine andere Frau beschreibt ihr Leiden: »Die Sonne scheint, alle sitzen draußen und spielen, genießen ihren Cappuccino, ich könnte auf dem Balkon lesen, stattdessen verplempere ich meine Zeit vor dem Fernseher und am Computer.« Und wieder eine andere: »Ich sage Einladungen zu, weil ich zu feige bin, Nein zu sagen, und dann bleibe ich dennoch zu

Hause, weil ich zu müde und bequem bin, mir die Schuhe anzuziehen. Selbst mein lebenslanges Mantra ›Was sagen die anderen‹ wirkt nicht mehr.«

Sie alle fühlen sich irgendwie vom Leben erschöpft und fragen sich, ob sie sich die Erlaubnis geben dürfen, sich erschöpft und einsam zu fühlen. Oder sie fragen sich, ob sie ihre Ansprüche nicht lieber herunterschrauben sollten, als niemanden in der Nähe zu haben. Sie fühlen sich schuldig. Aber womöglich sind diese Warnzeichen nicht einfach zu kompensierende Schwächen, sondern Signale, die gehört werden wollen. Statt zu fragen: »Wie geriet ich auf diesen traurigen Weg?«, brauchen wir erst einmal dieses schlichte Vertrauen, dass das Leben immer das macht, was es am besten kann: weitermachen. Und dass es uns mitnimmt und auch in uns weiteratmet, bis wir spüren, es gibt Halt und Mitgefühl. Auch wenn niemand in der Nähe ist, so lernen wir vielleicht gerade auf diesen traurigen Straßen, mit uns selbst barmherziger umzugehen. Unsere eigene innere Weisheit weiß nämlich, dass all diese Erfahrungen letztlich Vorläufer sind, die uns den Zugang zu dem schaffen, was uns am Ende erwartet.

Man kann sich natürlich auch von diesen Weltuntergangsstimmungen ablenken, sie am Tresen einer Bar vergessen, sie wie eine Grippe auskurieren, sie wegschlafen, aussitzen oder darauf vertrauen, dass sie vorbeiziehen. Manchmal spürt man diesen Zustand schon kommen und kann noch rechtzeitig entwischen, bevor es einen erwischt hat. Für manche ist es eine neue Aufgabe, die alle Kraft beansprucht, eine neue Beziehung, die einen aus den Angeln hebt, andere müssen einfach etwas abrüsten, was ihren Alltag betrifft. Und wer wirklich am Anschlag ist, geht zur Freundin oder telefoniert mit einer nahen Person. Sicher kommen noch ein paar andere Ingredienzen hinzu, wie beispielsweise ein bisschen liebevoller für sich selbst zu sorgen. Das ist nämlich der Königinnenweg: Mitgefühl mit sich selbst, sodass wir wieder anfangen zu schwingen und zu vibrieren. Die Melancholie ist ein Teil von uns, der vor allem unser Mitgefühl braucht. So hellt sich der dunkle Weg auf. Und wir lauschen, auch wenn gerade niemand da ist, auf unseren eigenen friedlichen Atem.

Misstrauen

Resonanz geben können nur Menschen. Und das nur freiwillig und ohne Zwang. Diese beiden Puzzlestücke schaffen Unsicherheit. Was geschieht, wenn ich mich öffne und der andere lässt mich auflaufen? Resonanz ist verletzlich, störanfällig. Jeder erlebt in seinen Beziehungen einen kleinen Kosmos an Schattierungen und Abstufungen von Resonanz. Solange die Choreografie des Gebens und Nehmens ausgeglichen ist, erleben wir unsere gewachsenen Beziehungen oft über Jahre unbewusst wie selbstverständlich. Wir beginnen erst dann, darüber nachzudenken, wenn es plötzlich nicht mehr »stimmt«, wenn eine Freundschaft zu Ende geht, ohne dass man es kommen sah. Oft sind es Kleinigkeiten, die das Urteil sprechen. Der Freund hat einen Entwurf nicht gelesen, den man ihm anvertraute in der Erwartung, korrigierende oder aufmunternde Worte zu hören. Plötzlich fällt einem ein, dass dies nur eine von vielen Aufmerksamkeitssünden war. Der Umzug, bei dem er nicht half, die E-Mails, die er nüchtern-distanziert beantwortete. Plötzlich wächst ein Misstrauen, was vielleicht schon länger untergründig lauerte, das sich auf alles ausdehnt. Es ist wie ein Wechsel der Perspektive. Man sieht sich plötzlich ganz anders. Resonanz, das erfahren wir in solch einschneidenden Augenblicken, ist zerbrechlich. Sie braucht Feinspürigkeit, Behutsamkeit und vor allem eines: Pflege. Sogar bei Gegenständen erleben wir es: Wer würde eine Gitarre kaufen und sie nicht sorgsam pflegen und schützen?

Misstrauen macht Beziehungen zunichte, weil es Resonanz verhindert. Wo Misstrauen herrscht, sind Wohlwollen und Vertrauensbeweise sinnlos. Man könnte sogar sagen, die Welt des Misstrauens und die Welt des Vertrauens sind zwei getrennte Welten. In der Welt des Vertrauens herrschen Wohlwollen, Leichtigkeit, Humor, Gemüt und Großzügigkeit. Die Welt des Misstrauens ist eine anstrengende, kalte, verkrampfte, ernste, die wenig Genuss, Lust und Lachen kennt, weil man sich darin absichert, rechnet und kontrolliert. Eine Welt voller Alarmanlagen, die schon beim leisesten Verdacht ausgelöst werden.

Was am meisten darunter leidet, ist die Resonanz, denn das hieße ja, offen, flexibel, neugierig mit dem Leben zu schwingen. Wer hingegen seine Antennen auf Selbstschutz eingestellt hat, dem fehlt die Geschmeidigkeit und Einfühlung im Umgang mit anderen.

Misstrauen weckt keine Resonanz, weil jeder ahnt, dass Menschen nur misstrauisch werden, weil sie sich selbst als wenig vertrauensvoll sehen. Sie selbst sind der Beweis ihres eigenen Misstrauens. Wer anderen nicht über den Weg traut, reduziert nämlich auch für sich selbst den Anspruch, vertrauenswürdig zu sein. Deswegen überrascht es nicht, dass Misstrauische eher zu Vertrauensbrüchen neigen, wenn sie damit rechnen, nicht erwischt zu werden.

Unsere uralten Instinkte warnen uns vor Menschen, die uns nicht anschauen oder beim Sprechen plötzlich die Augen abwenden. Wir gehen unbewusst auf Abstand. Das Signal »Misstrauen« entzweit Menschen und verhindert Resonanz. Nichts stört das Zusammenleben mehr als die Logik des Misstrauens. Da schwingt nichts mehr, wo Missklang und Dissonanz herrschen, weil man sich auf Fehler und Schwächen konzentriert und ständig auf der Hut sein muss.

Je länger man ihn praktiziert, desto zwanghafter und unangenehmer wird dieser misstrauische Lebensstil. Bei manchen Menschen verschlimmert er sich im Alter, sodass selbst die Spuren im Gesicht unübersehbar werden. Das sind diese alten Menschen mit den bitteren und zynischen Zügen um den Mund, die nur ihre Hunde kennen. Misstrauen macht einsam. Da hilft auch nicht die Genugtuung, man sei realistisch oder das eigene Denken sei korrekt, weil man die Probleme und Schwächen anderer als Bestätigung dafür empfindet.

Wohlwollende Menschen sehen die Schwächen anderer als Herausforderung, gemeinsam zu wachsen, einander näherzukommen, um den Atem der Beziehung zu beleben und zu vertiefen. Der Misstrauische wie der Wohlwollende: Beide wollen recht haben und beide vereinfachen ihre Weltsicht. Nur, der Schaden aus Wohlwollen ist erheblich geringer als der aus permanentem Misstrauen. Die Moral von der Geschichte: Menschen, die wohlwollende Resonanz geben, sind beliebter – sogar bei den Misstrauischen.

»Ich hasse dich abgöttisch«

Es ist schwierig hinzunehmen, dass Resonanz im Guten wie im Bösen gilt. Wir spiegeln uns ja nicht nur in unseren Freunden, auch in unseren Feinden oder Gegnern. Auch sie sind Teil unserer sogenannten Identität. Unsere Identität ist kein einheitliches Gebilde, sondern eher eine Baustelle, die aus verschiedenen Identifikationen besteht, die sich im Laufe der Zeit wandeln. Identität wird immer wieder umgebaut durch Zuschreibungen als Vertraute, Kollegin, Freundin, Helferin, als Rebellin, als Einschmeichlerin. Jedenfalls ist unsere Identität nicht in Granit gemeißelt, sondern respondiert mit den Resonanzen, mit denen wir uns identifizieren oder von denen wir identifiziert werden.

Wer liebt, der hasst auch, so sagt man. Beides ist ein Ausdruck von Nähe und tiefem Engagement füreinander. Erlöschen sie, so erlischt auch die Einsatzbereitschaft füreinander. Was da übrig bleibt, kann man eine resonanzarme Beziehung nennen. Resonanz entsteht aber auch, wenn Menschen einander in Wut und Hass verstricken. Auch das stiftet Nähe, allerdings eine feindselige Nähe.

»Der Feind ist unsere eigene Frage als Gestalt.«

(Theodor Däubler 1916)

Diesen Satz des Schriftstellers Theodor Däubler könnte man dahingehend deuten, dass wir unsere Feinde mit unseren Fragen auswählen. Der Feind verkörpert unsere eigene Frage, also brauchen wir gute Fragen, um die Feinde anzuziehen, die uns weiterbringen. Allerdings braucht es Selbstbewusstsein, Feindschaft auszuhalten, obwohl wir alle wissen, dass man nicht nur Freunde benötigt, sondern auch Feinde, die einem klarlegen, wo man gerade steht.

Menschen, die möglichst von allen bewundert und geliebt werden wollen, haben in der Regel ein schwaches Selbstgefühl und glauben, dass sie lieben würden, wenn sie es allen recht machen, aber das ist eben keine Liebe. Der Lehrer, der es allen recht machen will, der Therapeut, der sich als ideale stets verfügbare Mutterfigur anbietet, der Arzt, der sich überarbeitet, die Mutter, die sagt: »Wenn du mich wirklich lieben würdest, würdest du mich nie so kritisieren.« Realitätsgerecht wäre: »Gerade weil ich dich liebe, kann ich nicht zulassen, dass du so mit mir sprichst.«

Wie grenzenlos das Liebesbedürfnis und wie schwach das Selbstgefühl sind, zeigen die erwähnten Beispiele. Sie alle hoffen auf diese Art beliebt zu bleiben, rechnen mit Dankbarkeit und wundern sich, wenn ihr neurotisches Liebesbedürfnis enttäuscht wird. Aber ohne die Bereitschaft, sich auch unbeliebt zu machen, gibt es keine echte Resonanz.

Dennoch ist es schwierig, sich damit abzufinden, dass man so etwas wie ein, wenn auch entstelltes oder zumindest gefärbtes, Abbild seines unverschämten Kollegen oder des verhassten Nachbarn ist. Tröstlich ist aber, dass es dem Kollegen oder Nachbarn auch nicht anders geht. Auch er begegnet im Feinde einem verzerrten Abbild seiner selbst. Diese Art der Spiegelresonanz könnte eigentlich dazu beitragen, dass beide sich in ihren Kränkungen herunterregulieren oder so etwas wie relativierenden »Abrüstungshumor« entwickeln.

Mein Feind ist nicht der Feind schlechthin, er ist mein Feind. In ihm radikalisiert sich das Gefühl, dass es einen gibt, der genau wie ich ein eigenes Ich beansprucht. Da hilft keine Moral, sondern eher eine psychoanalytische Sicht, die im Konzept der »Projektion« die Erwartung sieht, von anderen so behandelt zu werden, wie man sie selbst behandelt. Ein Arzt, der sich gemobbt fühlt, kann nicht einsehen, dass seine Kollegen ihm mit den Gefühlen begegnen, die er selbst gegen sie empfindet. Seine Begriffswahl »Mobbing« verschleiert das Problem und stärkt lediglich seine Opferposition.

Wer also glaubt, viel besser zu sein als die anderen, schwächt seine Chance, andere zu finden, die ihn stärken und sein Selbstgefühl stabilisieren. Vergleichbar mit einem aufgeblähten Ballon, der bei der kleinsten Verletzung platzt, immer dünnhäutiger wird und sich deswegen immer weiter aufbläht. Wer hingegen einigermaßen selbstbewusst ist, kann sich auch die eigenen Schwächen eingestehen. Er kann die Resonanz negativer Gefühle ernst nehmen und auch ihre Berechtigung einsehen, weil er sie einordnen und aushalten kann. Den Gegner gelten zu lassen, statt ihn panisch abzuwehren oder zurück zu kränken, heißt nicht, den Konflikt zu verleugnen oder sich zurückzuziehen, sondern Fehler einzugestehen und ihre Bedeutung realistisch einzuschätzen. So lernt man am meisten, was man mit sich selbst und als man selbst für Resonanzen erzeugt. Dieses Wissen macht belastbarer und hilft, die eigenen Energien zu bündeln. Wer gut mit sich zurate gehen kann, ist auch in der Lage, in der Nähe der Feindschaft Kränkungen genau wahrzunehmen, sie einzuordnen und auf sie so zu reagieren, dass die Würde des anderen gewahrt bleibt. Indem ich beispielsweise höflich bleibe, klar bleibe und zeige, dass ich die Situation nicht eskalieren lassen werde. Indem ich erkenne und anzunehmen bereit bin, was mein Anteil ist. Denn eines verdanken wir unseren sogenannten Feinden: Sie studieren uns genauer, als wir uns selbst.

V
RESONANZ IST
SCHWINGENDE
VERÄNDERUNG

Stimmungen stecken an

Ich betrete einen Seminarraum und stelle fest, dass die Studenten, die sonst ziemlich gestresst noch schnell ihr Smartphone checken und ihre Kernkompetenz, »Dampfablassen«, praktizieren, sich friedlich, lebhaft unterhalten und entspannt lachen – ein ungewohntes Szenario. Ich werde stutzig, was ist geschehen? Nichts war geschehen, außer dass eine Studentin fehlte, die von der Gruppe als »Platzhirsch« bezeichnet wurde, weil sie sich immer so »fucking important« aufführte. In der Tat gelang es ihr, die Gruppe derart zu infizieren, dass sich jeder irgendwie hinter aufgeklappten Laptops, Tablets, Smartphones verschanzte. Kann es sein, dass Menschen füreinander wie wandelnde Reaktionsbeschleuniger sind, die ihre eigenen Stimmungen jedem, dem sie begegnen, weitergeben, der sie wiederum weitergibt, bis schließlich alle angesteckt sind? Kinder lieben ja solche Spiele, in denen dieser Welleneffekt die verrücktesten Ergebnisse bringt, wie beispielsweise »Stille Post«.

Vielleicht haben Sie es schon erlebt, auf einem Fest, bei dem einer der Gäste wie ein Kerzenlöscher mit einem nassen Handtuch sämtliche Funken von Freude und Ausgelassenheit erstickt hat. Keiner weiß, wie ihm geschieht, aber das Stimmungsbarometer ist plötzlich auf »Frost«.

Mit diesem Phänomen beschäftigte sich der Psychologe William Condon am Boston College (Condon 1980) und entdeckte, dass sich unsere Bewegungen synchronisieren, wenn wir miteinander sprechen. Hände, Schultern, Arme, Kopf und sogar Augen bewegen sich im gleichen Beat wie die Sprechmelodie, ihre Tonhöhe, ihre Betonungen, ihr Volumen. Sämtliche Bewegungsabläufe koordinieren sich perfekt mit den Stimmen, sodass die Choreografie des Gesprächs einem Tanz gleicht – ohne Partitur und ohne Musik. Aus diesen Beobachtungen folgerte Condon, dass wir keine isolierten Einheiten sind, die sich gegenseitig Botschaften zuspielen, sondern in einer geteilten Wirklichkeit leben, die sich durch Sprache und Bewegung synchronisiert. Dieser komplexe Tanz wirkt sich auch auf unsere Gefühle aus. Diese Abstimmung der Mimik, Gestik, Stimme lässt auch die Gefühle des anderen auf uns zurückstrahlen, wenn auch in abgeschwächter Form. Nach und nach begreifen wir: Dieser unaufhörliche Strom winziger Bewegungsabstimmungen lässt uns ein Empfinden füreinander entwickeln. Wir haben teil am Gefühlsleben der anderen. Und das kann sehr ansteckend sein.

Auch die Macht der Freundlichkeit beruht auf diesem eigenartigen Element der Ansteckung. Wenn wir anderen freundlich begegnen, haben sie kaum eine Wahl. Bevor die Vernunft überhaupt Nein sagen kann, haben die Emotionen schon entschieden. Wer andere anlacht, signalisiert Sympathie, Entspannung und Beschwichtigung. Anstelle von Spannung und Feindseligkeit treten plötzlich Gelassenheit und Solidarität. Emotionen wirken wie Viren, nicht nur übertragbar von Person zu Person, sondern wie am Beispiel des genannten Festes deutlich wurde, auch auf Gruppen, bei Zusammenkünften und am Verhandlungstisch. Unser Bedürfnis nach Resonanz ist derart beherrschend, dass wir nicht nur bereitwillig, sondern kaum anders können als die Stimmungen – die positiven wie die negativen – aufzunehmen. Ob wir es wollen oder nicht, wir stimmen uns ständig ab auf die Gefühlslandschaften der Menschen um uns. Mehr noch: Unsere Gesten, Gedanken, Sprache gehören uns nicht ausschließlich allein, sondern hängen von vertrauten Beziehungen ab, die uns anstecken. Für Nicholas Christakis, Professor für Soziologie und Medizin an der Harvard Universität, ist deshalb Glück ein kollektives Phänomen, das davon abhängt, mit wem man wie nahe und wie eng verbunden ist (Christakis 2010). Nicht nur für das Glück, auch für die Einsamkeit gilt das.

Wer steckt uns am meisten an? Diejenigen, die uns am nächsten stehen. So ist das, was uns ihre Nähe oder Liebe als glücksbringend erleben lässt, gleichzeitig auch die Ursache für die Irritationen und Qualen, die sie mit sich bringen. Emotionen sind nicht exklusiv meine eigenen, sondern ein komplexes Resonanzspiel zwischen mir und den anderen, die ich mir oder die mich ausgesucht haben. Wer ohne Resonanz leben muss, lebt im Vakuum. Die Resonanz der anderen macht uns zu dem, was wir sind.

Aufeinander zugehen

Was kann ich selbst dazu beitragen, dass gute Resonanz gelingt? Nicht ohne Grund gibt es den schlichten Erfahrungsbegriff »Taktgefühl«. Ein Begriff, den wir wie die Resonanz aus der Musik kennen und auf den zwischenmenschlichen Bereich übertragen haben: vor allem für Momente spielerischen, entspannten Umgangs miteinander. Auch im Umgang miteinander gibt es den gemeinsamen Takt, der daraus erwächst, dass wir Resonanz füreinander entwickeln, ein inneres Verstehen des anderen, seiner Bedürfnisse, Einstellungen, Empfindungen, Gewohnheiten, Grenzen. Der Soziologe Herbert Plessner fand eine schöne Metapher dafür: »Witterung für den anderen Menschen entwickeln« (Plessner 1985). Es geht also um eine Resonanz, die das Atmosphärische, die »Wetterlage« des anderen auf individuelle Weise aufnimmt, sodass ein Klima der Offenheit entsteht, in dem beide einander vermitteln, wie sie behandelt werden wollen. Solch feinspürige Resonanz bildet sich nicht im Kopf, sondern im Miteinander von Erleben und Teilen. Im konkreten Tun miteinander, im Anpacken und Umsetzen von kleineren oder größeren Aktionen, die Freude bereiten und als gemeinsame Erfahrung Gesprächsstoff liefern.

Es gibt diese Sternstunden, in denen zwischen uns etwas wie ein gemeinsames Atmen ist. Wir spüren den gemeinsamen Atem der Zeit. Das einfühlsame, taktvolle Kommen und Gehen. Die telepathische Resonanz der gemeinsamen Bewegung, die uns sogar nachts voneinander träumen lässt. Und wir kennen die Gegenwelt, die unter dem egozentrischen Motto steht: »Ich bin ich! Stör mich nicht!«

Was Menschen, die in diesem Klima leben, dennoch zu schaffen macht, ist ihr ungestillter Hunger nach Resonanz. Nicht gegen die anderen wollen sie leben, sondern mit den anderen. Und da die meisten ihre Ichleistungen nicht gern allein feiern, realisieren sie, dass Egoismus als täglicher Kompass auf die Dauer anstrengend und einsam ist. Außerdem entgeht ihnen auch nicht, dass man es mit dem Egoismus nicht übertreiben sollte, vor allem dort, wo andere einen ertragen müssen. Irgendwann beginnt man zu ahnen, wie viel mehr man sein könnte, wenn man mit anderen teilt. Denn eines ist inzwischen bis in die Chefetagen vorgedrungen: Selbstvertrauen und Selbstwertgefühl verdoppeln sich, wenn man sie teilt.

Den Streit darüber, ob wir von Natur aus egoistisch oder altruistisch sind, beantworten die Naturwissenschaften inzwischen disziplinübergreifend mit Ja und Nein. Man denkt nicht länger in schwarz-weiß – hier die Egoisten, dort die empathischen Geber –, sondern schaut genauer hin, wann sich Menschen selbstsüchtig und wann sie sich selbstlos verhalten. Die entscheidende Frage ist, wie wir eine Spirale zum Besseren in Gang setzen können? Denn auch hier spielt der Gruppeneffekt: Fängt einer an zu geben, machen die anderen mit. Wie beim Steinchen im Wasser – eine gebende Tat zieht Kreise. Jeder von uns ist gefragt, wie wir einander behandeln und wie wir leben wollen (Bieri 2013).

Der Wunsch, zu geben und zu teilen, entsteht ganz natürlich, wenn wir uns an unser erstes Lebenskapitel zurückerinnern. Ob es nun von unseren Eltern vorgelebt wurde oder ein menschliches Verhaltensfundament ist – es geht darum, wie man sein will. Einiges deutet darauf hin, dass man dem Schlechten die Resonanz entziehen kann, indem man nicht mehr von den Egoisten als den Cleveren redet, sondern die einzelnen Anstrengungen um das Gute stärker ins Licht rückt. »Es ist der Egoismus, der kulturell konditioniert ist und ein Zeichen von Pathologie«, so schreibt die Forscherin Lynn McTaggart

(McTaggart 2011). Die Wünsche, zu geben und zu teilen, hängen mit unserem Gehirn zusammen, das in erster Linie ein »soziales Gehirn« und auf Resonanz und Kooperation angewiesen ist (Bauer 2006). Die Vitalitätssysteme des Gehirns – die sogenannten Motivationssysteme – laufen sogar auf Hochtouren, wenn Aussicht besteht, sich mit anderen zu verbinden, ihr Interesse und ihre Zuwendung zu erhalten. Sich auf andere einzuschwingen, sie mit den eigenen Emotionen anzustecken, zu geben und zu teilen ist deshalb hochgradig motivierend und lustvoll. Genauso wie essen oder lieben. Kurzum: Wir fühlen uns gut, wenn wir Gutes tun, weil wir auf Beziehung gepolte Wesen sind.

Wer an andere denkt, kommt weiter. Wer ihr Wohl genauso ernst nimmt wie das eigene, ist beliebter. Das bestätigt der Organisationspsychologe Adam Grant in seinen Studien zu Erfolg und Karriere (Grant 2013). Ausgerechnet derjenige, der an andere denkt, steigt offenbar am meisten auf. Gebende, die helfen, auch wenn daraus kein Nutzen für sie entsteht, haben ein weit größeres Netzwerk an Menschen, die sich mit ihnen verbunden fühlen. Darüber hinaus ist der Umgang mit ihnen angenehmer, weil sie aufgrund ihrer Empathie sich in die Lage ihres Gegenübers versetzen. Und weil ihnen das Wohl des anderen am Herzen liegt.

Die Aufwertung des anderen geschieht durch Anerkennung: anerkennen, was er ist, was er fühlt, was er kann. Weil es eben nicht egal ist, was er fühlt und erlebt. Aber es muss auch nicht harmonisches Einverständnis sein. Wichtiger ist die gefühlte Botschaft: »Ich sehe dich«, »Ich nehme dich wahr«. Wir können uns tatsächlich in die Lage des anderen versetzen. Allerdings gibt es da, dies fand der Psychologe Daniel Batson (Batson 2008) heraus, einen wichtigen Unterschied: Wir sind mitfühlender und helfen eher, wenn wir von uns selbst absehen und uns in den anderen hineinversetzen, als wenn wir uns vorstellen, wir selbst wären in der Situation des anderen. Wenn Menschen wirklich den Schmerz des anderen fühlen, statt ihren eigenen auf ihn zu übertragen, sind sie wirklich hilfreich, weil sie in der Lage sind, die Perspektive des anderen einzunehmen: im Kopf eines anderen spazieren zu gehen. Wer sich in andere versetzen kann, ist sogar fähig, außerordentlich Gutes zu leisten. Nicht jeder ist gleichermaßen zu dieser Art von Resonanz begabt, aber man kann sie üben, indem man sich immer wieder aus seinem kleinen Ich herausbewegt und den anderen in sich willkommen heißt. Unser aller Schutzmacht ist das Mitgefühl, das uns zuruft: Fühl dich auf den Platz des anderen! Vielleicht entsteht daraus ein Dialog, der für beides Platz hat: für Ichworte und für Duworte. Worte, die dem Resonanz geben, was wir an Verständnis, Wärme, Schmerz, Verlusten in uns tragen. Worte, die dem Raum geben, was der andere braucht, was ihn wärmt, was ihn aufhorchen lässt. Resonanz heißt letztlich: Sei herzlich willkommen, du in mir!

Resonanz erzeugt Veränderung

Jeder hat Erfahrungen mit sich selbst gesammelt: Wie wirke ich? Was strahle ich aus? Wie komme ich an? Was unterscheidet mich von anderen?

Diese Fragen schwingen immer mit, wenn wir uns vor anderen zeigen, wenn wir auftreten im öffentlichen Raum. Wie wichtig diese Fragen sind, zeigt sich besonders dann, wenn wir einen Raum betreten, in dem die Augen auf uns gerichtet sind. Selbst wenn es wohlwollende Blicke sind, so bleibt da dieses bange Gefühl in der Magengrube: Was erwarten sie von mir? Bin ich gut genug? Man fühlt sich unsicher, befangen, ungeschickt, gnadenlos gemustert. Der Puls beschleunigt sich, die Hände werden feucht, die Augen fahrig. Wieso ist der Körper so mächtig, obwohl wir unseren Auftritt doch so gut vorbereitet haben und unsere Sache beherrschen? Außerdem ist es nicht das erste Mal, dass wir uns vor anderen exponieren.

Dabei haben wir sie alle schon erlebt: diese magischen Auftritte, die ein ganzes Publikum begeistern. Doch, eigene Ideen und Gedanken zu präsentieren, birgt Gefahren. Man könnte sich lächerlich machen, gelangweilte Blicke oder mitleidiges Grinsen ernten. Oder das Gegenteil: helle Begeisterung als Bestätigung, dass die Botschaft gut angekommen ist und Resonanz ausgelöst hat. »Sie hat mir aus dem Herzen gesprochen«, »Das hat mich berührt«, so ähnlich lauten die Reaktionen, wenn der Funke übergesprungen ist.

Aber was bedeutet das eigentlich? Ein Blick in die Physik kann es veranschaulichen. Kennt man die natürliche Schwingung eines Objekts, so kann man es zum Schwingen bringen, ohne es zu berühren. Resonanz entsteht, wenn die natürliche Schwingung eines Objekts mit einem äußeren Stimulus gleicher Frequenz respondiert. Man kann beispielsweise Salz auf einer Metallplatte zum Tanzen bringen, wenn man einen Verstärker an die Metallplatte anschließt, dessen Schallwellen mit steigender Frequenz die Salzkörner hüpfen lassen, bis sie sich zu neuen, wunderschönen Mustern organisieren, als ob sie wüssten, wohin sie gehören.

Haben Sie nicht auch schon insgeheim gehofft, Sie könnten Ihre Zuhörer bewegen und begeistern und sie mit neuen Inspirationen anstecken, um sie dorthin zu bringen, wo sie »hingehören«? Natürlich ist ein Publikum nicht homogen und einig wie jene Salzkörner, aber wenn es gelingt, eine Botschaft so zu übermitteln, dass Herz und Hirn berührt werden, verflüssigt sich etwas im Publikum und gerät in Bewegung, sodass die Zuhörer sich neu organisieren und anders nach Hause gehen, als sie gekommen sind.

Wie gelingt das? Indem ich als Vortragender »bei mir bin« und mich einstimme auf die anderen. Es genügt nicht, sie einfach zu registrieren. Gewandtes Auftreten heißt, sich einschwingen auf die Atmosphäre und das Erleben der Zuhörer, sodass sie spüren: »Ich bin bei euch. Ich bin mit euch.« Diese Einstellung ist nicht nur im Kopf, sie will auch gefühlt und gezeigt werden, damit meine Botschaft die anderen wirklich erreicht und respondiert mit dem, was sie mitbringen. Deswegen ist der Rat, sich das Publikum in Unterhosen vorzustellen, obsolet und nutzlos. Vorteilhafter ist es, sich das Publikum als eine bunte Gruppe von interessanten Individuen vorzustellen, die sich allesamt eine Begegnung von Angesicht zu Angesicht wünschen, die mit mir unter einem Dach die gleiche Luft einatmen. Eine Gruppe, die letztlich allzumenschliche Bedürfnisse hat: »Bring mich zum Lachen!«, »Bring mich zum Nachdenken!«, »Tröste mich!«, »Berühr mich!«, »Mag mich!«, »Sei mein Freund!«.

Körper, Geist und Seele sind gleichermaßen beteiligt, wenn wir andere erreichen wollen. Auf dem Konzert dieser Kräfte üben wir, frei zu reden, entspannt zu stehen, volltönend zu sprechen und unsere Gesten so zu koordinieren, dass unsere Aussagen unterfüttert und bekräftigt werden. Resonanz entsteht nicht nur durch die Botschaft, die eingestimmt ist auf das, was die anderen brauchen, sondern auch durch den Dialog der Blicke, die Choreografie der Bewegungen und die seelische Stärke der Empathie.

Wer sich kopflastig gibt, wird wenig gemeinsames Erleben auslösen, weil er seine Gefühle nicht nutzt. Und wer ohne Herz unterwegs ist, wird die Herzenswärme der anderen verlieren. Wer spürt, was die anderen brauchen und wünschen, weckt nicht nur ihr schlummerndes Potenzial, sondern auch das eigene.

Lust am Spielen, Sich-Zeigen, Sich-Verkleiden, Treppenhüpfen, leichtfüßigen Laufen, geschmeidigen Gehen – das alles sind Lektionen der Jugendzeit, die wir mehr oder weniger absolviert haben, an die wir uns erinnern sollten. Im Grunde lässt sich das Verhalten auf den verschiedenen Lebensbühnen ganz elementar darauf zurückführen. Wer diese Lektionen der Unbefangenheit auch auf die eigene Bühne bringt und rekapituliert, hat eigentlich nichts zu verlieren. Außer dieses merkwürdig angespannte Gut-sein-Müssen, diese Kontrolliertheit, die uns von den Juwelen unserer Spontaneität und Unverfälschtheit trennt.

Man sollte sich nur daran erinnern: »Wie habe ich früher Geschichten erzählt? Wie bin ich die Treppen auf und ab gehüpft? Wie bin ich durch die Straßen geflitzt? Wie habe ich es angestellt, andere zu verzaubern? Den Spuren meiner Freude zu folgen? Schlagfertig und pfiffig die Bälle zurückzuspielen? Zu sagen, was ich denke?« Natürlich kann man sich Techniken in Rhetorikkursen aneignen, um der Stimme Resonanz zu verleihen und die eigene Resonanz zu steigern, aber das Wichtigste, um andere anzustecken, ist genau das, was wir als Kinder noch besaßen: Leichtigkeit, Spontaneität und Begeisterung. Die emotionale Wiederbelebung dieser Werte der Unbefangenheit wäre in der Tat die Voraussetzung, die nicht nur die anderen, sondern auch uns selbst entspannt und zum Mitschwingen einlädt.

Wie Glühwürmchen blinken

Stellen Sie sich eine laue Sommernacht vor: Es weht eine leichte Brise, und es duftet wohlriechend nach Fichte. In einem Busch hat sich eine Kolonie Glühwürmchen zum Blinkkonzert getroffen. Anfänglich blinken sie irgendwie zufällig durcheinander, dann irgendwann einigen sie sich auf einen gemeinsamen Blinkrhythmus. Sie schalten sich zusammen, und irgendwann werden sie belohnt: Die Weibchen reagieren auf ihr verlockendes Blinken. Dieses Phänomen nennt man rhythmisches »Entrainment«. Man springt sozusagen auf den anfahrenden Zug auf, lässt sich mitnehmen und passt sich dem Rhythmus des Zuges an. Solche Phänomene davon erleben wir in der Natur und in uns selbst im Tag- und Nachtrhythmus. Und wenn Sie ein Konzert besuchen, werden Sie am Ende selbst erleben, wie Ihr eigenes Klatschen sich dem anfänglich ungeordneten Klatschrhythmus einfügt und in einen gemeinsamen, geordneten Rhythmus übergeht.

Dieser Effekt entsteht nicht nur bei der Begegnung zweier Menschen, sondern auch bei Gruppen. Die Hirnaktivität jedes Individuums beginnt sich einzuschwingen auf eine gemeinsame Wellenlänge, und dabei entsteht wie bei einem eingestimmten Chor ein gemeinsamer Resonanzeffekt. Psychologen des Max-Planck-Instituts Berlin und der Universität Salzburg haben dieses Phänomen bei Gitarristen erforscht, deren Aufgabe darin bestand, kurze Melodien zusammen zu spielen (Pressemitteilung der Max-Planck-Gesellschaft vom 17.3.2009). Sie stellten fest, dass die Hirnaktivität der Spieler beim »swinging in concert« absolut synchron war, als wären sie total aufeinander abgestimmt.

Wenn wir also gemeinsame Ziele verfolgen und etwas zusammen tun, folgen unsere Hirnwellen und synchronisieren sich. Wir bewegen uns über unser Selbst hinaus in eine größere Einheit, wenn wir mit anderen etwas zusammen schaffen.

Wie die Glühwürmchen, die zusammen blinken, suchen auch wir die Befriedigung einer unserer wichtigsten Bedürfnisse: Wir wollen dazugehören. Wir wollen zusammen »blinken«, das heißt, aufgehoben sein in einer Gruppe. Und – wir wollen uns auch unterscheiden. Aufgehoben sein in einer Gruppe und gleichzeitig unersetzlich sein auf seinem Platz, den kein anderer so ausfüllen könnte, das ist der unschätzbare Gewinn von Sportgruppen, Theatergruppen, Projektgruppen. Jemand sein, der unentbehrlich und einzigartig ist, das übertrifft den individuellen Effekt von Resonanz bei Weitem.

Ein schönes Beispiel dafür ist die Jazzband. Obwohl alle dasselbe Outfit tragen, fühlt sich jeder unverwechselbar und gleichzeitig dazugehörig. Jeder spielt und improvisiert, nicht nur für sich, sondern jeder hört gleichzeitig auf die anderen und gibt ihnen Resonanz. Man spielt einander die musikalischen Bälle zu, inspiriert sich wechselseitig und spornt sich zu musikalischen Ausflügen an. Jeder ist ein musikalisches Unikat und gleichzeitig eingebettet in die Gruppe. Deswegen ist die Gruppe mehr als die Summe ihrer Teile (Aristoteles) – sie ist Synergie. Weil sie nicht nur zusammenwirken, sondern sich auch gegenseitig fördern. Ähnlich wie Freunde, die dieses Resonanzspiel leben und füreinander und miteinander da sind. Nicht weil sie müssen, sondern weil sie gern miteinander sind.

Warum haben Bandspieler meist rote Wangen und funkelnde Augen? Weil das Tun an sich lustvoll ist und nicht einem fremden Zweck dient. Und weil unser Gehirn aus dieser wechselseitigen, spielerischen Resonanz sozusagen Biologie macht: Es schüttet Botenstoffe aus, die in uns Gefühle von Lebenslust, Lebensbejahung und Lebenskraft entstehen lassen. Sie sprechen für sich und bedürfen keiner Rechtfertigung, da die Resonanz anderer kein Luxus, sondern lebensnotwendig und höchst wertvoll ist. Ohne diese Motivation würden wir über kurz oder lang erkranken. Es geht nicht darum, dass alles einen Nutzen haben muss, sondern dass wir schätzen lernen, dass das Leben jetzt und hier stattfindet. Augenblicke, in denen wir ausdrücken: »Ich bin mit dir. Ich höre dich.« Sie führen über uns selbst hinaus.

Das erlebte eine Theatergruppe beim Proben. Nach anfänglichem Chaos war plötzlich das Gefühl im Raum: »Jetzt spielt es uns.« Alles floss ganz leicht und wie selbstverständlich. Eine meinte: »Wir sind in einem Raum jenseits von Falsch und Richtig.« Ihre gemeinsame Energie hatte etwas geschaffen, was sie nicht in Worte fassen konnten. Sie waren aufgehoben in der Gruppe, und es gab weder Vergangenheit, Gegenwart noch Zukunft. Sie waren ganz im Hier und Jetzt in einem veränderten Zeitsinn. Vergleichbar mit dem Gefühl nach dem Einnehmen einer Schmerztablette, wenn sich die Zeit verändert und sich alles ineinander verschiebt. Ihr gemeinsam gefühlter Resonanzraum ließ sie die Zeit vergessen. Eine Sternenbegegnung!

Resonanz ist gemeinsame Lebenspraxis. Sie scheint auf in den »kleinen Gesten, die die Welt retten«, wie Jorge Luis Borges so schön sagte (Borges 2013). In der Menschlichkeit, die wir füreinander entwickeln. In der Liebe zum Lebendigen. Im hingegebenen Tun und in dem, was nicht austauschbar und beliebig wiederholbar ist. Wir werden nicht erhört durch »Google«, aber wir werden mitgenommen auf eine weite Reise, wenn wir ernst machen mit diesem schönen Satz von Rose Ausländer: »Vergesst nicht Freunde, wir reisen gemeinsam« (Ausländer 1989).

»Wie man in den Wald hineinruft, so schallt es heraus«

»Wie man in den Wald ruft, so schallt es zurück.« Bedeutet das: »Jeder bekommt, was er verdient?« Natürlich ist die Geschichte mit dem Wald ein Ammenmärchen. Wer schon mal im Wald war, weiß genau, dass oft selbst die freundlichsten Rufe dort unerhört verpuffen. Wie bei den Menschen. Man kann ihnen zuckersüß begegnen und sie grunzen wie die Stachelschweine.

Der Alltag ist voll vom ganz normalen Wahnsinn, merkwürdigen Zufällen und erstaunlichen Widerfahrnissen und Wendungen, dass man diesen Spruch wirklich nicht verallgemeinern kann. Nettigkeit wird nicht mit Nettigkeit belohnt. Schreien wird nicht mit Geschrei bestraft. Es schallt eben nicht immer das zurück, was wir gerufen haben, denn vieles liegt außerhalb unseres Einflusses. Diese dogmatische Sichtweise, in allem nur das Selbstverursachte zu sehen, macht nicht nur weltfremd, sondern auch dumm, wenn man in allem, dem man begegnet, eine Bestätigung des Eigenen sieht. Außerdem denken Rechtsradikale so, dass uns immer genau das geschieht, was zu uns passt.

Dennoch kann die Idee, dass das, was ich anziehe, mit mir selbst zu tun hat, nützlich sein. Denn ohne solche Reflexionen könnte man weder über den eigenen Anteil nachdenken noch darüber sprechen. Vor allem in schwierigen Situationen oder bei Konflikten geht es darum, sich die Möglichkeit offenzuhalten, den Blick auf sein eigenes »Rufen in den Wald« nicht zu verlieren. Erstens befreit es von der Sucht, recht haben zu wollen, zweitens erspart man sich die Suche nach dem Schuldigen. Der verborgene Schuldvorwurf »Wer hat angefangen?«, ist dann unwichtig, weil man seinen Teil der Erwartung aneinander und der Enttäuschung übereinander realistisch einschätzen lernt. Man übernimmt selbst Verantwortung und muss sie nicht mehr an den jeweiligen Gegner abschieben. Dabei denke ich an eine Sozialarbeiterin, die sich immer wieder beklagt, dass ihre Eltern sie nie verstanden haben. Außerdem sei sie auch bei Geschenken im Vergleich zu ihren Geschwistern stets zu kurz gekommen. Aufschlussreich war ihre Reaktion auf die Frage, wie es denn nun mit ihrem Verständnis und ihrer Resonanz für die Eltern bestellt sei. Ihr Vorwurf, »die haben sich nie um mich gekümmert«, kam sehr vehement. Ihre Enttäuschung über ihre idealisierten Erwartungen an die Eltern hatte sie bisher nicht akzeptieren und verarbeiten können, so war ihre Sicht benebelt durch diese ruhelose Erwartung nach Entschädigung. Dass immer jemand schuld sein muss, scheint ein Rettungsversuch zu sein, um sich vor der eigenen Entwertung zu schützen.

»Du bist doch selbst schuld!«, meinten ihre Freunde, als Agnes die Diagnose »Burnout« erhielt. Natürlich wusste sie, dass sie ordentlich zupackend beim Trinken, genussvoll beim Rauchen ihr Risiko beschleunigte. Dennoch kränkte Agnes diese Schuldzuweisung, die in der Tat herzlos war, selbst wenn sie der Sache nach stimmen mochte. Es scheint, als hätten die Freunde Agnes gebraucht, um sich selbst sagen zu können, dass sie es längst nicht so schlimm treiben wie sie. Angebracht wäre Mitgefühl gewesen und nicht Belehrung oder Besserwisserei als getarnte Schadenfreude. Außerdem steckt in dieser freundschaftlichen Schuldzuweisung eine Entwertung, als sei Krankheit vermeidbar, wenn man sich nur richtig verhält. Dahinter steckt die selbstgerechte Idee von einem gesunden Leben, die alle anderen, die nicht so leben, vom Mitgefühl ausschließt. Agnes' gekränkte Gefühle sind verständlich: Allzu große Selbstgefälligkeit statt Mitgefühl erzeugt Trotz und führt in die Distanz und Entfremdung. Diese Dynamik setzt ein, wenn die anderen so in Bedrängnis geraten, dass sie sich durch eine »Sünderin« vor eigenen Schuldgefühlen oder Entwertung zu retten versuchen. Und so schützt man sich vor der eigenen Angst.

Wenn Menschen immer wieder darüber grübeln: »Warum treffe ich immer nur Langweiler?«, »Warum gerate ich immer wieder in Situationen, in denen ich Ablehnung ernte?«, »Warum ruft mich keiner an?«, dann kommen sie irgendwann zu dem Punkt, an dem sie sich überführt fühlen, weil sie andere nicht mehr schuldig sprechen können. Man entdeckt vielleicht, dass man zwar »in den Wald ruft«, aber letztlich jede Antwort irgendwie überhört oder entwertet. So kann man ewig weiter hoffen und sehnen, und muss lediglich fürchten, dass man nie ankommt. Aber dafür darf man in der gewohnten, enttäuschten Gegenwart verharren.

Andere wiederum kommen zu dem Punkt, an dem sie ihre längst gesammelte Erfahrung wieder neu entdecken: »Eigentlich weiß ich es. Es liegt an meinem Hunger nach

Aufwertung, an meiner Humorlosigkeit, an meiner Trägheit, an meinem Streben nach Überlegenheit.« Ein klassisches Beispiel ist das »Eisenbahnphänomen«. Wer im Zug einem Fremden sein ganzes Leben erzählt, hat ein riesiges Bedürfnis, sein inneres Abgetrenntsein zu überwinden. Was ihm fehlt, ist die Resonanz für die Bedürfnisse des anderen. Diese Bedürftigkeit lässt bei solchen Menschen das rechte Maß verschwimmen, sie geraten in einen Teufelskreis, in dem sie gerade das erleben, was sie am meisten fürchten: Die Umwelt zieht sich zurück. Hier hilft nur Resonanz von außen: Beziehungen zu vertrauten, nahestehenden Personen, Orte, die einem Resonanz schenken, oder Projekte, die das Selbstgefühl steigern. Und schließlich bei sich selbst ansetzen und die eigene Resonanz spüren auf die Fragen: »Was stößt mir immer wieder von außen zu? Was sind meine Lebensmuster? Welche Träume tauchen immer wieder auf? Wann denke ich: ›Das sieht mir ähnlich«, »typisch ich‹?« Vor allem in der Resonanz auf die letzte Frage lässt sich gut ablesen, wo die eigenen Lernaufgaben liegen.

Bei sich selbst anzusetzen ist ein guter Schutz vor Selbstüberschätzung. Man schaut sich selbst über die Schulter und grinst vielleicht hin und wieder über die ernsthaften Behauptungen, die man selbst oftmals für der Weisheit letzter Schluss hält. Es ist vielleicht ein wenig peinlich, wenn man realisiert, dass man doch nicht so unwiderstehlich und so originell ist, wie man gern wäre. Aber das führt vielleicht dazu, dass wir in unserem eigenen Wald der Lebensfreude das Menschliche einführen und nicht mit den Wölfen heulen, mit den Wildschweinen grunzen, sondern einen Ton anschlagen, der gute Resonanz erzeugt. Was folgt daraus? Etwas sehr Sympathisches: Bescheidenheit.

»Tu Gutes und rede darüber«

Wer das Glück hat, einen Erwachsenen zu treffen, der seine kindlichen Empfindungen und Wünsche nicht weggesperrt hat, der hat das unerhörte Glück, in eine Welt einzutauchen, in der die Resonanz noch selbstverständlich ist. Kinder gehen verschwenderisch mit ihren großen Gefühlen um, bis sie irgendwann infiziert werden von diesem Wettbewerbsdenken, das ihnen die Freude am Teilen gehörig austreibt. Kinder wissen noch, dass Glück durch Teilen mehr wird. Aber Konsumkranke meinen, dass Glück noch mehr Konsum sei.

Viele haben inzwischen begriffen, dass uns reich macht, was sich nicht rechnen lässt. Wer das Herz am rechten Fleck hat, ist den Rechnern in Sachen Selbstoptimierung weit voraus. Geben befreit aus der Befangenheit mit den immer nur eigenen Gefühlen. Weil es Gefühlsräume öffnet. Weil es Resonanz stiftet mit Gesichtern, Augenpaaren, die wir plötzlich wahrnehmen mit ihren unausgesprochenen Fragen: Siehst du mich? Magst du mich? Und weil wir intuitiv wissen, Glück will sich mitteilen, auch indem der Glückliche abgibt und Resonanz schenkt.

Was ist das für ein Geben? Es ist ein Geben, das das befremdliche »Ich seh dich nicht« überschreitet. Es stellt Nähe her durch Hinschauen und Hinhören, sodass wir nicht auf Distanz bleiben und frieren. Mit anderen nahe zu sein heißt, fühlen, dass der andere mir ähnlich ist.

Beim Geben handelt es sich um ein Gut, das seine Kraft erst in der Resonanz entfaltet. Wer Kinder hat, weiß, zu welchen Einsätzen wir bereit sind, um das geschenkte Vertrauen nicht zu verspielen. Und dass uns all das, was wir Kindern geben, nicht ärmer, sondern glücklicher und stärker macht. Nicht nur Eltern wissen es: Unser Selbstvertrauen und unsere Selbstgewissheit wachsen, wenn wir großzügig davon austeilen. Wenn wir erleben, wie unser Selbstgefühl dadurch wächst, dann verspüren wir nicht mehr den Impuls, andere unaufmerksam, nachlässig zu behandeln und sie »im Regen stehen zu lassen«, weil wir wissen, wir würden selbst mit im Regen stehen.

Der Philosoph Emmanuel Lévinas beschreibt diese Gedanken anhand des Gesichts der anderen. Im Angesicht der anderen wird das Ich vorübergehend zurückgestellt. Der andere übersteigt unser Ich und löst in uns Gefühle aus. Man sieht Hilflosigkeit im Gesicht eines anderen und der erste Impuls ist wahrscheinlich, etwas zu tun und zu helfen (Lévinas 2007). Hier wird eine tieferliegende Resonanz angesprochen, die über Status, Rolle, Tausch- und Ausschlussdenken hinausgeht, weil es grundsätzlich darum geht, ihm zu antworten. Und nicht um ein Tauschgeschäft.

Folgendes Szenario: Sie sind in einem Zug und spüren, mit Ihrem Gegenüber stimmt etwas nicht. Sein Gesicht scheint fahl, er wirkt nervös und seine Augen flackern ängstlich. In Ihnen breitet sich eine merkwürdige Unruhe aus. Obwohl der andere nicht mit Ihnen spricht, überwinden Sie sich und sprechen ihn an. Sie wenden sich ihm zu, versuchen ihm zu helfen und vergessen darüber Ihre eigene Angst.

Was ist geschehen? Sie haben sich berühren lassen und für Ihr Gegenüber geöffnet, statt sich herauszuhalten. Sie haben Ihre eigenen Ängste zurückgestellt und geantwortet. Vielleicht weil das Gesicht des anderen eine Macht auf Sie ausgeübt hat, der Sie sich nicht haben entziehen können. Sie haben nicht gefragt: »Was bist du? Was bringt das? Was bekomme ich zurück?« Sondern Sie haben darauf reagiert, dass hier jemand vor Ihnen saß, der Zuspruch brauchte. Dadurch sind Sie nicht nur der Einzigartigkeit dieses Gegenübers gerecht geworden, sondern auch Ihrer eigenen.

Deshalb sollten wir uns im Antworten üben, weil wir durch jede Anfrage, Beunruhigung, Bedürftigkeit anderer in unserer Perspektive über uns selbst hinaus erweitert, bereichert, erneuert werden. Antworten heißt großzügig sein, weil man es nicht mehr nötig hat, auf sein Recht zu pochen. Echte Großzügigkeit zeigt sich auch in der Unbekümmertheit ihrer Erwiderung. Was wir anderen geben und gönnen, das schenken wir uns am Ende selbst: das Glück, gebraucht zu werden. Erlösung vom Egoismus. Glauben an uns selbst. Entdecken, dass wir so viel mehr können, als wir uns zutrauen. Für andere durchs Feuer gehen.

»Einem Menschen begegnen heißt, von einem Rätsel wachgehalten zu werden«, das ist der Grundgedanke von Lévinas (Lévinas 2007). Anderen verdanken wir nämlich die Resonanz, die uns erneuert und wachhält.

Wann haben Sie zum letzten Mal jemandem die Hand gehalten?

»Wer hat, dem wird gegeben«

Wer kennt sie nicht, die Menschen, über die sich das Füllhorn der Resonanz ausschüttet? Dieser Effekt lässt sich in einem Satz zusammenfassen: Wer Resonanz bekommt, dem fällt immer mehr Resonanz zu. Dieses Phänomen, von der Soziologie als »Matthäus-Effekt« bezeichnet, spielt auf einen Satz aus der Bibel an: »Denn wer da hat, dem wird gegeben, dass er die Fülle habe; wer aber nicht hat, dem wird auch das genommen, was er hat« (Mt 25:29).

Womit hängt das zusammen? Es bleibt nicht verborgen, wer uns Resonanz schenkt, und wem wir Resonanz schenken. Es sind also immer andere mit im Spiel, die registrieren, mit wem wir uns sehen lassen, einlassen und austauschen. Deswegen mögen wir auch die mehr, die unser Ansehen aufwerten. Wie das Wort »Ansehen« sagt, hängt es von den Augen der anderen ab, die uns sehen wollen und sich so ihre Meinung bilden. Ist sie glaubwürdig? Was kann sie? Was kann sie nicht? Tut sie, was sie sagt? Hält sie ihre Versprechen?

Ansehen hat also nicht nur mit Gesehen-Werden zu tun, sondern auch mit Respekt und Anerkennung. Beides muss zusammenwirken und stimmig sein. Beides trifft unsere Selbstwerteinschätzung im Kern. Das Ansehen einer Person ist ein anderer Ausdruck dafür, wie viel sozialen Kredit, wie viel Resonanz dieser Person gestiftet wird.

Jene Wechselwirkungen sind es, die den Effekt »Wer hat, dem wird gegeben« so wirkungsvoll machen.

Wir wachsen in das hinein, was man uns zuschreibt, deswegen erhalten Menschen, die viel Resonanz anziehen, auch ein vitaleres, reicheres Leben, sodass sie am Ende nicht nur beachtenswerter scheinen, sondern tatsächlich auch interessanter und belebender sind. Ich denke dabei an eine äußerst vitale und aktive Yogalehrerin, die mit weit über 80 immer noch unterrichtete. Nach ihrem Geheimnis befragt, meinte sie: »Ich brenne so leidenschaftlich, weil ich unendlich viel zurückbekomme. Es ist die Liebe und die Verehrung, die mir die Kraft schenken, weiterzumachen.«

Wer immer wieder positive Resonanz erhält, der setzt auch mehr positive Energien frei, weil er motiviert ist, sich den Idealbildern, die von ihm entworfen werden, anzunähern. Das Ergebnis: Der so positiv Beachtete entwickelt wirklich eine Vielzahl von Fähigkeiten und Fertigkeiten, die ihm von außen zugeschrieben werden, ganz nach dem Motto: »So lasst mich scheinen, bis ich werde.« Wer im Fokus der Resonanz steht, kann leichter der werden, für den man ihn hält. Die viel belächelte rosarote Brille frisch verliebter Paare setzt ja bekanntlich ähnliche Prozesse in Gang, die durch ihre vorgefärbten Erwartungen tatsächlich dazu neigen, sich aktiv zu bewahrheiten. Aus Erwartungen werden auf diese Weise sich selbst erfüllende Prophezeiungen.

Beachtung färbt ab, weil man geneigt ist, in viel beachtete Menschen mehr hineinzulesen als in weniger beachtete. Solche Menschen erhalten eher attraktive Einladungen und Stellenangebote, ihre Mitmenschen sind leichter geneigt, ihnen den Weg zu ebnen, ihnen Chancen einzuräumen und ihre Nähe zu suchen. Als Nimbus spricht man ihnen auch weitere positive Merkmale zu. Ganz nach dem Motto: »Wer Resonanz erhält, ist auch gut.«

Warum ist das so? Weil es auch das eigene Ansehen vermehrt und die eigene Resonanz aufbessert, wenn man sich mit interessanten Menschen aufwerten und schmücken kann. Wenn man jenen Begünstigten mehr Zuspruch und Wohlwollen einräumt, so ist das eben auch kein Zufallsprodukt. Aufgrund ihres höheren Einkommens an Beachtung haben sie in der Tat auch mehr Optionen, nicht nur auf dem Beziehungs- und Heirats-, sondern auch auf dem Arbeitsmarkt. Sie können Angebote eher aushandeln oder abschlagen, weil sich ihnen mehr Wahlmöglichkeiten auftun, von denen andere oft nicht einmal zu träumen wagen.

Warum löst diese Begebenheit so viel Missgunst und Empörung aus, obwohl wir sie durch unser Verhalten immer wieder bestätigen? Wer so fragt, übersieht, wie vielschichtig und unmittelbar Beachtung mit unseren vitalen Überlebensstrategien verwoben ist. Nicht die Beachtung als gesellschaftliche Macht an sich ist das Problem, sondern unsere Hemmung, uns dies einzugestehen. Und unsere Neigung zum Vergleichen, zum Schielen und zum Rechnen. Wer über die ungerechte Bevorzugung anderer klagt, über die sich das Füllhorn an Resonanz so reichlich ausschüttet, der sollte wissen, dass er sich dadurch letztlich selbst bestraft. Resonanz kann man genauso wenig wie Essen und Schlaf einfach ablehnen, man bekommt sie geschenkt. In ihr drücken sich trotz aller Unterschiede und Abstufungen auch gemeinsame Wertsetzungen aus. Die Wut über die Bevorzugung der begehrten anderen übersieht, dass man selbst auch an den Bedingungen dieser Ungleichheiten mitwirkt. Wer sich frei wähnt von Verführbarkeiten, sollte einmal seinen Haushalt, seine Bekannten und sozialen Aktivitäten näher betrachten – das Restaurant, das man bevorzugt, der Zahnarzt, der einem empfohlen wurde, die Kosmetikerin, die einen guten Ruf genießt, der Klavierlehrer, dessen Schüler Wettbewerbe gewinnen. Es betrifft keineswegs nur die sogenannten Stars und Gurus. Würde unser Konsum- und Beziehungsverhalten nicht auf dem Matthäus-Effekt beruhen, dann gebe es keine ordinäre Werbung, keine Klatschspalten, keine Talk-Shows oder Bestsellerlisten.

Vermutlich kennt jeder einen Menschen, der offensichtlich reich mit Resonanz gesegnet ist. Oft sind es Menschen, die tendenziell auf destruktive Formen der Selbstaufwertung verzichten, verglichen mit den Selbstunsicheren. Sie sind relativ unabhängig von der Meinung anderer Leute und verfolgen ihre Aufgaben und Ziele, weil sie dafür brennen. Ihnen bleibt vermutlich wenig Zeit und Energie für direkte Bestätigungssuche. Insofern könnte man sagen, dass Hingabe an das Tun, Begeisterung, Eigensinn, Selbstvertrauen und Selbstzufriedenheit die Privilegien der Resonanzverwöhnten sind. Sie haben es nicht nötig, die Kommunikation immer auf sich selbst und ihre Trophäen zu lenken. Sie leben ihr Leben, wissen, was sie können oder auch nicht können. Sie teilen gern ihre Aktivitäten mit anderen, aber sie brauchen nicht ständig

Applaus oder gezieltes Aufsehen. Die Menschen, die viel Beachtung bekommen, sind offensichtlich die, die nicht ausschließlich absichtsvoll danach suchen und ihr ständig nachjagen.

Das heißt nun nicht, dass man seine Absicht niemals zeigen sollte. Das wäre zu bescheiden. Es geht wohl eher darum, dass man sein Interesse nicht ausschließlich auf die Resonanz nach außen richten sollte. Denn wie heißt es so schön bei Goethe: »Man fühlt die Absicht, und ist verstimmt.«

VI
RESONANZ
FÜR DAS GUTE

Resonanz ist Talent für Glück

Glück ist Resonanz in Aktion. Das heißt, die gemeinsame Resonanz übertrifft jede einzelne. Wenn ich zehn Äpfel in einen Korb lege, sind sie so schwer wie die Summe von zehn einzelnen Äpfeln. Würden wir gemeinsam einen Apfelkuchen aus diesen Äpfeln backen, so würden wir viel mehr erreichen als die Addition der je einzelnen Äpfel. Das Glück des gemeinsamen Apfelkuchengenusses übersteigt bei Weitem die gerechnete Summe der Äpfel. Denn die Äpfel werden nicht besessen, sondern gemeinsam genossen. Übertragen auf das Glück: Wir können ihm einen Boden bereiten aus Resonanz und Hoffnung auf immer wieder neuen Empfindungen des Glücks.

So viel ahnen wir: Nicht ein bestimmtes Ziel macht uns glücklich, sondern wir suchen durch unsere Wünsche Gründe zum Glücklichsein. Nur man selbst kann sagen, ob man glücklich ist. Was aber auch heißt, dass wir uns unser Glück auch selbst »herbeidenken« können. Da kann natürlich einiges an Unsinn als Glück durchgehen, weil es ja kein objektives Glück gibt. Aber man kann den eigenen Glücksanspruch hoch oder tief anlegen; solange er stimmig ist und zu einem passt, ist eigentlich nichts einzuwenden.

Deswegen spreche ich vom Talent für das Glück, weil Glück nicht von außen auf den Glücklichen fällt. Im Kern des Glücks verbinden sich Innen und Außen zur Resonanz. Beim Glücksbegabten treffen die Glücksanlässe auf guten Resonanzboden. Vielleicht weil er nicht mehr verlangt, als er im Augenblick hat, weil er im Frieden mit sich ist, weil er dankbar ist, weil er die Fülle des Moments genießen kann – in Resonanz mit den Bedingungen des Augenblicks.

Ist das Glück – in Zustimmung zu sich selbst und der Mitwelt zu sein? Zumindest stärken solche Erfahrungen unser »Händchen« für das Glück, solche Augenblicke überhaupt zu erkennen und wieder einzuladen. Durch diese Haltung könnte sich die Resonanz für das Glück erhöhen, denn das, was wir für möglich halten, wofür wir Raum schaffen, wird in seinen Folgen real. Wir leben von unserer Vorstellungskraft. Sie ist es, die uns bereitmacht, das Aufblühen von Glücksmomenten in Augenblicken einzufangen.

Von den Forschern der »new science of happiness« (Seligman 2005), der sogenannten positiven Psychologie, stammt die poetische Frage: »What makes the human heart sing?«

»Was bringt dein Herz zum Singen? Was erfüllt dich? Was bewegt dich? Was schenkt dir Zuspruch und Wertschätzung? Was macht dich glücklich?« In diesen Fragen steckt ein Resonanzversprechen, das uns in Bereiche führt, in denen Verdienst und Anstrengung gegenstandslos sind. Ein Versprechen, das uns vom Vergleich, Konkurrenzdenken, Wettbewerbszwang befreit und unseres Eigenwertes gewiss macht. »Wofür schätze ich mich glücklich?«, ist hier die Frage, deren Betonung auf »sich schätzen« liegt. Glück ist also mehr als Abwesenheit von Pech, Unglück oder Krankheit. Glück ist ein Schatz. Er ist da, wenn wir Momente erkennen, die uns ganz erfüllen: Das gelungene Tun, der Moment inniger Liebe, das plötzliche Strahlen im unverhofften Augenblick, das Augenpaar, das hinüberruft: »Ich bin wie du.«

Kindern zuzusehen, wie sie vor Glück jauchzen und Luftsprünge aufführen, ist eine Wonne. Sie sind noch ungebremst in ihrer Glückslust. Wir werden eher still und stumm vor Erstaunen. Vor allem wenn es uns plötzlich widerfährt, mitten in irgendeinem unspektakulären Augenblick, in dem Resonanz uns durchflutet mit Leben und allem, was um uns herum ist. Es sind magische Momente, in denen die Welt wie ein einziger Zusammenklang erscheint, in denen wir eingebettet sind und uns ganz frei fühlen. Solche Glücksmomente führen uns wieder zu uns selbst. Wir staunen ohne Furcht, weil wir selten so bei uns sind und so intensiv spüren, wer wir sind, wie in solchen Momenten der Daseinsfülle. Was sich da in uns zu Wort meldet, lässt sich nicht in Worte fassen. Es gibt Orte, die solche Erfahrungen einladen. Am Meer, wo wir mit dem Rhythmus der Wellen, dem Wechsel von Ebbe und Flut, der Einfachheit der Wellenformen mitschwingen, die auch unser Denken einfacher machen. In der Weite und in der Stille, die auch uns weit und still werden lassen. Oder beim Spaziergang im Wald, wenn wir dem leisen Rauschen der Bäume lauschen und unsere Seele in ihren Gesang einstimmen. Was ursprünglich und einfach ist, revidiert unsere großen Glücksträume und bringt uns zum Staunen. Was lebendig, weit und still ist, führt uns in die Resonanz und zu uns selbst zurück. »Das Glück des Staunens gibt das beste Argument«, fand schon Michel de Montaigne.

Bewegung und Resonanz

Was ist das Merkmal, das Ihnen am meisten über das Alter einer Person verrät? Es ist die Art und Weise, wie sich ein Mensch bewegt. Ob er rhythmisch weich, federnd, schleppend oder gebeugt geht, daran lässt sich sein Alter sogar mehr als über sein Gesicht ablesen. Auch der Blick sagt viel aus über die innere, geistige Beweglichkeit und über die Bereitschaft zur Kommunikation. Aber nichts verrät so viel über das Zusammenspiel von Geist, Körper, Gefühl und Seele wie unser Bewegungsfluss.

In der Kindheit haben wir die ersten Lektionen erhalten, wie wir unsere körperliche Geschicklichkeit und Geschmeidigkeit üben, so auch unsere seelische Schwingungsfähigkeit, die uns zu Mitgefühl und Resonanz befähigt. Wie wichtig diese Lektionen sind, das erfahren wir als Erwachsene, wenn wir lostanzen und durch den Körper fließt der Rhythmus wie schmelzende Schokolade. Oder wenn wir federnden Schrittes die Straße überqueren. Was ist das Geheimnis? Wir sind frei von Angst und geben uns ganz dem Bewegungsfluss des Körpers hin, weil wir ihm zu vertrauen gelernt haben.

Was viele unterschätzen: Bewegungserfahrung trägt entscheidend zum Selbstvertrauen bei. Wer nur seinen Verstand bewegt und nicht auch seine Glieder, der wirkt unbeholfen und irgendwie nicht stimmig. Erst das Zusammenspiel der Bewegungen von Körper, Geist und Seele sorgt dafür, dass Innen und Außen übereinstimmen. Seien es Denkaufgaben, Diskussionen, Entdeckungen,

Gefühlsräusche, Redefähigkeiten oder Bergtouren – immer bieten Hand, Herz und Hirn ihre Unterstützung an. Allerdings nur wenn wir das vielstimmige Konzert dieser Kräfte üben.

Die Spaltung: kluger Kopf oder durchtrainierter Körper, intellektuell oder emotional, rational oder sensibel, ist ein Widerspruch in sich. Wer nur auf seine geistige Schlagkraft baut, wird in emotionale Sackgassen geraten, wenn er nicht gelernt hat, auf seine Gefühle und Intuitionen zu hören. Wer auf Erfolgskurs nach oben gemüts- und resonanzarm unterwegs ist, wird irgendwann in einsame Löcher fallen, weil die seelische Wärme und Resonanz der anderen verloren gehen. Wer sich nicht mehr spürt, der wird auch andere nicht mehr spüren. Seelenwärme kann sich nur in einem »gut bewohnten« Körper ausbreiten. Wer in seinem Körper wohnt, der wird auch für andere einladend sein. Das spüren vor allem Menschen, die auf der Bühne stehen. Was nützt ein perfektes Manuskript, wenn der Vortragende nicht weiß, wie der Körper die Stimme führt und die Gedanken in Fluss bringt? Wenn er keine Ahnung hat, wie es geht, oder vor lauter Anspannung mit Schnappatmung reagiert?

Das ist nämlich die Grundlage der Resonanz, dass ich mich selbst bewusst wahrnehme und emotional bewege, um andere zu bewegen. Dass ich meine Gefühle kennenlerne, um meine seelische Stärke zu üben. Dass ich meine Muskeln und meine Geschicklichkeit übe, um nicht unbeholfen und linkisch dazustehen. Wer sich nicht unbefangen, geschmeidig bewegt, stört die leibliche Resonanz zwischen sich und den anderen. Eigentlich ist es ganz einfach: Nur dann erzeugen wir Resonanz, wenn wir den Körper genauso wie den Kopf bewegen. Selbstvertrauen entwickelt sich nämlich nur im Zusammenspiel von Muskeln, Gliedern, Gefühlen und seelischer Stärke.

Die Kursangebote für diese Art mangelnder Bewegungserfahrung haben Konjunktur. Sie haben nur einen Nachteil: Vorgegebene, nachgeahmte Bewegungsmuster beruhigen vielleicht das schlechte Bewegungsgewissen, aber sie führen nicht zu der gefühlten leiblichen Resonanz zwischen mir und meinem Körper. Was in all diesen körperlichen Verbesserungsinstitutionen nicht zählt, ist der Einzelne als solcher. In sich hineinspüren lässt sich nicht verordnen, man spürt es selbst: Was empfinde ich gerade? Wie nehme ich mich wahr? Wie atme ich? Welches Gefühl begleitet meine Gedanken? Hinter sämtlichen Bewegungserfahrungen liegt meist eine zu oberflächliche, flüchtige Resonanz mit dem eigenen Körper. Um einen »feineren Draht« für sich selbst zu entwickeln, bedarf es feinspüriger Wahrnehmung und Aufmerksamkeit: Wie sitze ich? Wie stehe ich? Wie gehe ich? Was denke ich? Wie spreche ich?

Diese Art Resonanz zum eigenen Leib steht im Gegensatz zum Fitnesskult, bei dem Menschen sich bei Sit-ups kasteien, am Laufband abstrampeln und ihre Körper zu Trainingszwecken foltern. Was bei jenen »Work-outs« fehlt, ist nicht nur die Resonanz zum eigenleiblichen Spüren, sondern auch die Resonanz zur Mitwelt, da die Bewegung zum Selbstzweck entfremdet ist und den Kampf gegen sich selbst fortsetzt. Vorgegebene Standards machen uns nicht selbstsicherer, egal wie verbissen wir sie trainieren.

Ein viel inspirierender Resonanzraum hingegen ist ein Spaziergang im Wald, bei dem ich mein eigenes Tempo finde, mich mit der weichen Beschaffenheit des Waldbodens unter meinen Füßen bewege, die Gerüche das Waldes in mich einsauge und ständig neue Aussichten genieße, die die Natur mir schenkt: Ist das nicht viel inspirierender als diese eiserne Lunge, die sich Fitnessstudio nennt? Ein Waldspaziergang hat etwas an sich, das unsere Lebendigkeit noch lebendiger macht. Allein das Laufen im Grünen hat etwas Ursprüngliches, Wildes, weil wir wieder ein bisschen zum Tier werden dürfen, bei dem alles reine Kinetik ist. Und das alles ohne die Einwirkung von Geräten, nur indem wir uns selbst am Laufen halten. Sich selbst in Gang bringen macht uns zu überlegenen Kreaturen. Oder haben Sie schon einmal ein Auto gesehen, dass sich ohne Zündung in Gang setzt?

Noch ein Argument: Ist es nicht auch eine Chance, ein Stück glückliche Kindheit nachzuholen?

Wer singt, dem wird Resonanz gegeben!

Was ist eigentlich dieses Zaubermittel Musik, das uns so emotional bewegt und Resonanz erleben lässt? Musik ist in der Lage, etwas in uns zu öffnen und in Schwingung zu versetzen, das sonst unberührt geblieben wäre. Wie kein anderes Medium berührt Musik unser Inneres. Sie spricht unsere Emotionen unmittelbar an, ohne Heilsversprechen und Manipulation, weil sie in ihrem Kern zweckfrei und in sich selbst genug ist. Vielleicht ist es sogar gerade das ganz andere, Unrechenbare, Nutzlose, das ihren Sinn ausmacht. Musik ist für uns da wie die Sonne, der Mond, die Sterne, die Bäume und der Wind. Sie bewegt, ergreift uns und unsere Sinne. Sie ist der Inbegriff von Resonanz.

Insofern sind wir alle Musiker. Selbst diejenigen, die sagen: »Musik sagt mir nichts.« Sie unterliegen dem Irrtum, zu meinen, Musik sei konkrete Mitteilung. Je intellektueller wir ausgerichtet sind, desto mehr brauchen wir sie. Nicht als Ausgleich oder Gefühlsduselei, sondern um überhaupt hören zu lernen. Um feine Resonanzen und Dissonanzen unterscheiden zu lernen und ein Gehör für den anderen zu bilden.

Musik macht uns weicher. Als würde sie uns aus unseren Schalen lösen, um das Innere zu spüren. Ich spreche nicht von Rührseligkeit, sondern von der einzigartigen Gabe, die die Musik bereithält, weil sie Bewegung ist, die uns ansteckt und bewegt. Sie löst uns aus unseren Verhärtungen, macht uns durchlässig, wärmer, sinnlicher.

Musik sensibilisiert uns dafür, wie wir sein könnten, weil wir noch nicht so sind, wie sie es verspricht. Sie gibt hörbare Zuversicht, dass wir einmal so sein werden. Nicht aus Optimismus oder Ignoranz, sondern weil sie unsere Hoffnungssuche auf Resonanz wachhält.

Beim gemeinsamen Singen, beim Orchesterspiel, der Jazzformation, der Rockband oder der Improvisationsgruppe, wenn wirklich geübt und nicht nur der schnelle Kick des Auftritts gesucht wird, erleben Menschen sich als gemeinsam Lernende, unter etwas Größerem vereinigt und in einem größeren Zusammenhang eingebunden und aufgehoben. Solche Augenblicke geben eine Ahnung, was Resonanz ist. Sie entsteht, wenn eine bestimmte Komposition auf resonanzfähige Musizierende trifft, die sich durch ihre Instrumente, Auffassungen und musikalischen Erfahrungen synchronisieren. So wie ein Orchester durch das Zusammenspiel einzelner Musiker gebildet wird, entsteht eine Resonanzkultur, dessen Ganzes mehr ist als die Summe der Einzelnen.

Nicht nur unser Gehirn, auch unsere Kultur wird immer wieder verglichen mit einem Ensemble musizierender Menschen. Weil es ein schönes Bild ist. Auf einem spielerischen Terrain werden hier persönliche Stärken für die Gemeinschaft fruchtbar gemacht, und nebenbei entsteht etwas, das nicht nur tiefen Sinn macht, sondern auch tiefe Freude.

Musik lässt uns unsere Nöte, Ängste forttanzen und fortsingen. Musik ist der »Ruf ins Entbehrte«, wie Ernst Bloch sagte (Jahrbuch der Ernst-Bloch-Assoziation, Nr. 16). Musik nährt unsere Nähedefizite, unsere seelischen Mangelerscheinungen, weil sie die verschütteten Erfahrungen des Miteinander belebt. Was noch nicht da ist, wonach wir uns sehnen, können wir herbeisingen und spielen. Auch wenn sich nur Mund und Hände bewegen und unser Herz noch nicht beteiligt ist, so zeigt sich uns ein Weg auf, uns von außen nach innen aufzumachen, unser Herz zu öffnen. Manchmal ist es zuerst der Mund, der singt, bis die Seele nachkommt. »Wohlauf mein Herz und singe«, heißt es. Man denke an die bekannte Indianergeschichte: Auf einer Wanderung legt sich ein Indianer nach jeder Etappe auf den Boden und lässt sich nicht zum Aufstehen bewegen. Er müsse warten, bis seine Seele nachkommt, war seine Antwort. Auch wir müssen warten, bis unsere Seele nachkommt. Deswegen brauchen wir unseren Mund, unsere Hände, die vorangehen und das herbeisingen oder spielen, was sich unser Herz erträumt und wofür wir Resonanz brauchen.

Was ist mein Traum? Dass wir uns anstecken und bewegen lassen von der Musik, die eine Brücke von hier nach dort ist. Wir brauchen sie, weil sie uns im Innersten berührt und die Eisdecke des Egoismus schmelzen lässt. Durch sie finden wir Aufgehobensein wie in den Armen eines geliebten Menschen, statt Verlassenheit und Einsamkeit mit sich selbst.

Lassen Sie einmal Bachs berühmte Kantate »Ich hatte viel Bekümmernis« auf sich wirken, in der beides zu finden ist, die Not, die Bach angesichts seiner vielen Verluste erlitt, und die Tröstung, die in den Worten »Deine Erquickungen trösten meine Seele« zum Ausdruck kommt. Sie werden bis tief in die Magengrube spüren: Musik hat Resonanzen, die der Verstand nicht besitzt.

Kunst intensiviert das Daseinsgefühl

Eine junge Künstlerin erzählte mir, dass sie immer, wenn ihr die Ideen ausgehen und sie sich blockiert fühlt, Galerien und Museen aufsucht oder Gedichte liest, um dort künstlerische Resonanzen zu entdecken. Sie tut etwas für sich, das ihren Wünschen, Ideen und Fantasien wieder Flügel verleiht. Mehr noch: Sie tut etwas, das sie intensiver leben lässt, was, ähnlich wie die Liebe, ihre Lebendigkeit steigert. Viele glauben ja, wenn sie sich festkrallen an Problemen und Zeitdruck, dass für sie die ersehnten Belohnungen bereitstehen. Was sie aber übersehen: Neue kreative Ideen und Gedanken kommen nicht zu denen, die eingezwängt im Schraubstock leben. Sie kommen zu jenen, die leicht und geschmeidig gestimmt sind und Lust auf mehr Leben haben.

So wie wir uns als Kinder in den Augen der Mutter und in ihrer Stimme wiedergefunden haben, so reagieren wir auch als Erwachsene auf Bilder, Texte, Gemälde, Kunstwerke, je nachdem, ob sie Resonanz in uns erzeugen, uns erwartungsvoll stimmen oder uns fade, flach, frivol vorkommen. Diese unbewusste neuronale Reaktion geschieht, egal ob wir schauen, hören, selbst gestalten oder spielen. Wir stehen in Resonanz, weil wir in diesen Ausdrucksformen etwas erleben, das uns ähnlich ist, weil es unsere Emotionen spiegelt.

Wenn wir beispielsweise in einem Museum ein Kunstwerk sehen, haben wir teil am Ausdruck eines Menschen und werden mit hineingezogen in sein Werk. Weil es von ihm beseelt ist. Was wir oft sprachlos als Gefühlswelle oder Gefühlssturm erleben, das wird in unseren Gedächtnisspeichern nicht sprachlich behalten. Nur die Künstler finden Ausdruck, von diesen Momenten der Fülle zu erzählen: in Farben, Formen, Worten und Tönen. Wir spüren die atmende Präsenz des Künstlers und seinen Wunsch nach Ausdruck, weil auch wir nicht ausschließlich mit unserem Intellekt wahrnehmen, sondern auch mit dem Körper und unseren Emotionen.

Warum fühlen wir uns überhaupt angesprochen, die Schönheit in Bildern und Werken zu suchen? Wir brauchen sie nicht zum Überleben, aber wir brauchen sie zum Leben, weil wir uns in ihr spiegeln und Resonanz für die Bilder in unserem Kopf finden.

Der Alltagsmensch mag sie vielleicht nutzlos finden, weil ihm Verbotsschilder für Fantasien und kühne Träume vielleicht schon früh aufgestellt und aufgezwungen wurden. Aber spätestens, wenn die Musik ihm durch die Glieder fährt, ihn zum Tanzen oder Singen lockt, meldet sich Resonanz aus einer tieferen Schicht des Bewusstseins zurück. Kunstwerke wie Skulpturen oder Bilder sind ein an uns gerichtetes Geschenk, das Teil unseres Verständnisses dieser Welt und des Körperwissens wird, wenn wir es in uns aufnehmen.

Wer gern schreibt, kennt die Erfahrung: Man steht auf, geht ein wenig umher, und plötzlich kommen Denken und Schreiben wieder ins Fließen – als Resonanz auf die Bewegung. Beim Gehen lösen sich die Gedanken, weil unser Wissen untrennbar ist von unseren Bewegungen, mit denen wir uns die Welt aneignen. Jede Begegnung mit einem Kunstwerk ist subjektiv, weil es keine neutrale Resonanz gibt. Es geschieht etwas mit mir, allerdings auf dem Hintergrund meiner Geschichte und meines Temperaments.

Schon allein der Raum einer Kunstausstellung verändert unsere Wahrnehmung. Wir werden durchdrungen von seiner Ruhe, Ästhetik. Er spricht durch seine »Ladung« zu uns und beeinflusst unsere Empfindungen, sodass wir plötzlich andächtig, still oder ehrfürchtig werden. Das sind vertraute Gefühle, die wir aus unserer Kindheit kennen. Deswegen sind wir verkörperte Wahrnehmende, die ihre eigenen emotionalen Zustände auf Kunstwerke übertragen.

Eine Witwe erzählt, wie sie das Gemälde »Der Schrei« von Edvard Munch zum ersten Mal sah. Sie reagierte körperlich extrem, es war ihr, »als würde es mich zerreißen«. Ihr Herz schlug wild, und sie kämpfte mit den Tränen. Warum? Sie konnte sich einlassen auf diesen Aufschrei Munchs. Es war ihr, als hätte Munch zu ihr und für sie gesprochen und ihrem eigenen Schmerz, dem Verlust ihres Mannes, Ausdruck verliehen. Sie erlebte eine tiefe Resonanz, die wie eine Erschütterung aus ihrem Alltagsbewusstsein herausragte und nicht durch die Vernunft einzudämmen war.

Sigmund Freud nennt dies »Übertragung« eigener Erinnerungen und gelebter Vergangenheit auf ein Kunstwerk. Das Bild hat ihre bis dahin aufrechterhaltene Fassade nicht nur erschüttert, es hat auch in ihr gelebt, als wäre es ihr Eigenes, weil sie es aufnehmen konnte. »Bisher habe ich nur überlebt, und in dem Moment, als mich das Bild ansprach, habe ich gelebt«, so beschreibt sie, wie das bis dahin Eingekapselte in ihr sich plötzlich verflüssigte. Es war zwar sehr schmerzhaft, dennoch spürte sie sich in dem Augenblick so lebendig wie nie zuvor.

Wenn ein Werk uns tief berührt, dann vollzieht sich immer eine Art Erkennen. Das Werk spiegelt uns, aber nicht wie ein Spiegel. Es spiegelt die Wahrnehmung des anderen, des Künstlers, die wir uns zu eigen machen, weil sie etwas in uns anklingen lässt, das wir für wahr halten. Diese Wahrheit mag ein Gefühl, ein Nachklang oder eine Erinnerung sein, die wir nicht in Worte fassen können, die uns aber verzaubert, begeistert oder erschüttert. Diese emotionale Resonanz ist es, die uns verändert und zu neuen eigenen, inneren Bildern und Visionen inspiriert.

Wir brauchen Räume, in denen wir die Wirklichkeit so erleben, wie Künstler sie erleben. In solchen Momenten lockern sich nicht nur die Zwänge des Alltags, selbst eine Verweigerung seiner Zumutungen kann stattfinden. Wir brauchen das ganz andere, die Sehnsucht nach sinnlich-kreativer Wahrnehmung, die wir Vorstellungskraft nennen. Diese Ausflüge in das Werk eines »Du« sind kostbar, weil sie uns das vor Augen halten, was auch in uns ist.

Sehnsuchtsort Insel

Wer Inseln sucht, wird von einer höheren Lebensahnung angezogen. Ist es die Sehnsucht nach Resonanz, fern dem Getriebe der Welt? Umschlossen vom Wasser, ohne verbindende Brücken? Offensichtlich sind Inseln für viele Sehnsuchts- oder Traumorte. Und keine Orte des Strebens nach Erfolg oder Profit. Im Gegenteil: Auf der Insel lernt man, wie wenig man braucht und nicht wie viel. Diese Vereinfachung des Insellebens ist nicht nur äußerlich und materiell – weniger Kleider, Möbel, Schmuck –, sie kann auch helfen, neue innere Antworten zu finden. Denn sie ist der Königsweg zu unserem intuitiven Wissen.

Menschen werden auf Inseln zu Inseln, in sich rund, gelassen, friedvoll. Sie erkennen die Grenzen der anderen an, respektieren deren Küsten, dringen nicht ein in die Sphäre des anderen. Weil die Welt hier leiser ist, tritt die innere Musik an ihre Stelle. Das Rauschen der Wellen, die Möwen, die Strandläufer hallen intensiver und voller in uns wider. Wir fühlen uns verbunden, weil wir durch die Atmosphäre der Insel die Schönheit von Sand, Meer, Stein und Himmel intensiver empfinden. Besser als die Schriftstellerin Anne Morrow Lindbergh ihr Inselleben beschreibt, kann man es kaum fassen:

> *Ich war in Einklang mit der Schönheit, ich verschmolz*
> *mit dem Universum, verlor mich darin, wie man*
> *sich in einem Lobgesang auflöst, der aus einer*
> *anonymen Menge in einer Kathedrale emporsteigt.*

(Anne Morrow Lindbergh 1990)

Irgendwie fühlt man sich den anderen näher, gerade weil die Welt hier ruhiger und vom Wasser umschlossen ist und man dadurch eher Zugang zu den eigenen Quellen wiederfindet.

Es ist nicht die Insel, die uns von den anderen trennt, sondern unsere eigene Resonanzlosigkeit, die uns von den anderen entfremdet. So wie man sich selbst fremd wird, kann man auch den anderen fremd werden. Bestimmte Resonanzen können wir nur wahrnehmen, wenn wir ein

Vakuum schaffen, das uns freimacht, uns nach innen zu wenden. Bestimmte Quellen können wir nur in der Stille oder im Alleinsein aufspüren. Entscheidend ist, dass man eine Zeit lang nach innen horcht, um das, was darauf wartet, gehört zu werden – das Inselhafte in uns –, zu empfinden.

Die Insel kommt uns entgegen, weil sie für uns auswählt. Von allem gibt es genug, aber nichts im Überfluss. Viele Erfahrungen, aber nicht zu viele. Viele Menschen, aber nicht zu viele. Viele Genüsse, aber nicht zu viele. Deswegen macht die Insel genussfähig, weil sie die Menschen wieder dazu bringt, Gaben zu schätzen. Wer nämlich von allem zu viel hat, schätzt die Dinge nicht mehr und wird genussunfähig. Auf der Insel wird nicht zwischen Luxus und Haben unterschieden. Hier geht es eher um die Verschiedenheiten im Fühlen, im Tun und in der Haltung. Der eigenen Stimme folgen, selbst entscheiden, was man tun will, kein Muss, in Resonanz mit der Natur leben, die aussterbenden Freuden wiederbeleben, barfuß gehen, Feigen vom Baum essen, Mandeln rösten, Brot mit Öl und Tomaten genießen, unter einem Baum liegen.

Die Insel als Symbol des Lebens. Es bleibt nur, sie zu nehmen, wie sie ist in ihrer räumlichen Begrenztheit, umgeben von der Unbeständigkeit des Meeres, bewegt vom unaufhörlichen Steigen und Fallen der Gezeiten. Deswegen erleben wir Resonanz mit Inseln, weil sie das in uns anklingen lassen, was auch unser Leben ausmacht. Auch wir sind Inseln in einem gemeinsamen Meer. Auch unsere Gefühle sind unbeständig. Auch wir erleben die Ebben der Wellentäler, die uns nach unten ziehen. Auch wir er-

leben die Fluten anstürmender Wogen, die uns zu neuen
Taten drängen. Das Inselleben könnte als Wegweiser die-
nen, weil es besser für uns auswählt, als viele von uns es im
Alltag schaffen.

Nicht umsonst heißt es: »reif für die Insel«. Man könnte
diese Redewendung auch als Wunsch auffassen, die Dinge immer wieder mit Insel-Augen und Insel-Ohren zu erleben. Was schenken uns die Inseln: Einfachheit, Auslese,
Seelenrefugium, Resonanz mit der Natur, sauberes Licht.

Resonanz mit den Sternen

Es gibt diese stimmigen Momente, in denen das Leben
aufleuchtet und sich wie ein Ganzes anfühlt. Man braucht
nur nach oben zu schauen, um zu verstummen, den Mund
zu öffnen und zu staunen: Die Sterne über uns, so fern
und doch so nahe, als würden sie zu uns blinken oder blin-
zeln. Gibt es eine Resonanz, die erhebender ist, als dieses
nächtliche Eintauchen in ihren stillen Glanz, in ihre unendliche Fülle?

In den Sternen begegnet uns die Zeitlosigkeit. Lassen
wir uns auf diese ausgebreitete Zeitlosigkeit ein, so geschieht Ähnliches wie in einer Liebesbeziehung: Wir begegnen in dieser Begegnung mit dem Sternenhimmel zugleich auch uns selbst. Es mag widersprüchlich klingen,
aber die Weite des Firmaments erzeugt Resonanz und
bringt uns näher zu uns selbst. Kaum jemand, bei dem
sich nicht aus den tieferen Schichten des Bewusstseins ein
Widerhall meldet. Selbst Tatmenschen werden andäch-

tig, spätestens am Ende eines geschäftigen Tages, wenn die Stille der Welt und das Flimmern der Sterne zu einer Resonanz zusammenfließen, die sie kaum beschreiben können. Aber die Empfindung ist da, selbst wenn sie rasch verdrängt wird, dass der äußere Kosmos den inneren Kosmos zum Schwingen bringt.

Die innere Perspektive öffnet sich, wenn wir die Sterne, das Meer, die Berge als Schätze erkennen, in denen unsere Träume, Wünsche und Sehnsüchte Resonanz suchen und finden dürfen. Wir spüren neuen Atem, wenn unsere Sinne frei werden für den mondlosen Anblick des Sternenhimmels, den befreienden Wellengang des Meeres, die uns auf unsere Fragen Resonanz schenken: Huscht da ein Wunsch vorbei? Streift eine Sehnsucht? Kommt eine Erinnerung? Eine Traurigkeit? Ein kleines Glücksgefühl? Das sind Fragen, die in der Resonanz mit der Natur im Alten Neues entdecken lassen. Sie bringen uns nicht um den Verstand, sondern zu uns selbst zurück.

Warum reisen so viele im Urlaub ans Meer oder in die Berge? Nicht nur, um dem Alltag zu entfliehen, sondern weil wir uns mit der Natur, dem Größeren verbinden wollen, und weil etwas in uns nicht nur zu den Sternen, sondern auch zur Erhabenheit der Berge und der Unermesslichkeit des Meeres in Resonanz steht. Der wiegende, befreiende Rhythmus des Meeres, seine unergründliche Tiefe lassen unsere eigene Tiefe und Unergründlichkeit anklingen, ebenso wie die Berge uns an unsere eigene Größe und Würde, unsere Einzigartigkeit erinnern. Was wir im Wasser, im Sand und in den Bergen suchen, ist letztlich eine Projektion dessen, was auch in uns an Rhythmus,

Tiefe und Höhe existiert. Ich nenne es Seele, auch wenn wir ihr Geheimnis nur ahnen können. Resonanz entsteht also, wenn wir in größere Horizonte und Hoffnungen blicken, wenn wir uns nach dem ausstrecken, was uns überschreitet und unsere eigene emotionale Tiefe zum Klingen bringt.

Menschen fühlen sich am nächsten bei sich selbst, wenn sie mit inneren Wünschen, Gefühlen, Fantasien in Kontakt sind, die im gewöhnlichen Alltagsbewusstsein untergehen. Auf Spaziergängen, im Wald, beim Betrachten des Meeres, beim Barfußgehen, im Gespräch mit einem guten Freund. Jeder kennt es: Man fühlt sich plötzlich substanzieller, wirklicher.

Wer sich die exzentrischen Konzepte mancher Gurus vom »Weg nach innen«, vom Trip in die Wüste, in die Wildnis, als Seelenmarathon vor Augen führt, der wird vielleicht aufatmen angesichts der verblüffend einfachen Erkenntnis, dass man auch zu sich finden kann, wenn man auf seine inneren Resonanzen achtet und sie reflektiert. Was brauche ich? Was tut mir gut? Was schadet mir? Was ist wichtig für mich? Sich in seinem Fühlen zu verstehen, statt ihm ausgeliefert zu sein, darum geht es. Solches Wissen ergänzt das gewöhnliche Wahrnehmen der Welt, vertieft es und macht es wesentlicher, weil es das Erleben der Welt näher mit dem Erleben des eigenen Seins zusammenführt. Und hier liegt auch das Besondere dieses Verstehens. Wer seine inneren Bewegungen zu verstehen versucht, gewinnt Seelenwärme und innere Orientierung. Wer Orientierung hat, kann auch Orientierung geben oder allenfalls zu den Sternen schauen.

»Ein Land, in dem unsere Tränen getrocknet werden«

Wonach sehnen wir uns? Die meisten von uns wollen wohl nicht zurück in den Mutterbauch, auch nicht ins Land, in dem Milch und Honig fließen, sondern dorthin, »wo Arme sind, die einen auch nachts umarmen«. Eingebettet zu sein in gute Resonanz, Zuwendung, wache Blicke und tröstende Hände, das ist die Sehnsucht, die uns bewusst oder unbewusst begleitet. Es bleiben immer offene Wünsche und Enttäuschungen. Kaum einer, der frei ist von Verlust, Leid, Krankheit, Einsamkeit, von jenen Erfahrungen, die so überwältigend sein können, dass man nach etwas rufen oder flehen möchte, das größer ist als man selbst.

Es ist eine Wechselwirkung: Wir holen, was wir benötigen, und die Welt antwortet. Aber wir bekommen nicht alles, was wir wollen und brauchen. Und wir können es uns auch nicht selber geben. Wir leben aber anders mit dem, was wir nicht erhalten, mit den Härten, die wir erleiden, wenn wir, wie in den Armen eines Geliebten, darauf hoffen und vertrauen dürfen, dass uns im Dunkeln etwas hält.

In seinem bekannten Herbstgedicht beschreibt Rainer Maria Rilke nicht nur das Fallen der Blätter, sondern auch aller Dinge, der schweren Erde und wie wir mit ihr fallen. »Und doch ist Einer, welcher dieses Fallen unendlich sanft in seinen Händen hält.« Rilke schweigt sich aus über

155

denjenigen, dessen Hände uns halten, aber er deutet an, dass dieses unser aller Fallen von etwas Größerem getragen ist. Es bleibt jedem selbst überlassen, wie er diesen »Einen« benennen will. Die einen nennen ihn Gott, die anderen Schicksal; gemeinsam ist beiden, dass sich ihre Unergründlichkeit weder fixieren noch entzaubern lässt. Unsere begrenzte Sinnkapazität bringt immer gesellschaftlich konstruierte Wirklichkeiten ins Spiel und vor dem großen Mysterium bleibt uns eigentlich nur, uns zu verbeugen oder zu schweigen, wie es der Philosoph Ludwig Wittgenstein nahelegt: »Wovon man nicht sprechen kann, darüber muss man schweigen.«

Wenn Menschen etwas als existenziell bedeutsam erleben, dann spüren sie, was dieser »Einer« für sie ist, weil sie ergriffen und verändert werden. Weil in ihrem Innern etwas zu strahlen beginnt, das über sie hinausweist.

Deswegen beten Menschen, weil sie sich zu diesem »Einen« in Beziehung setzen wollen, das ihr eigenes Ich unendlich übersteigt. Weil sie die größtmögliche Resonanz suchen durch ein Gegenüber, dessen Resonanzreservoir unerschöpflich ist. Und weil das Gebet etwas in ihnen verflüssigt, in Bewegung bringt, sie verändert. Beten heißt, sich verändern lassen. Indem wir aus uns selbst heraustreten und einem Du begegnen. Beten muss nicht reden heißen, es kann auch ein wortloses Hören sein, auf das, was mir Resonanz gibt. Wichtiger als das Reden ist das Sich-Zeigen, Sich-Ausbreiten vor dem Großen, vor dem ich mich nicht verstecken muss.

Ob unsere Gebete erhört werden, ist nicht das Entscheidende, sondern dass wir einen Adressaten haben, von dem wir uns Resonanz erhoffen und dessen Resonanz nie erschöpft ist. Und vor allem: dass sich durch das Gebet unsere innere Haltung zum Erbeteten verändert. Nicht nur in Grenzsituationen, auch bei Erfahrungen überwältigender Schönheit, beim Empfinden von Glück, beim Staunen und Ergriffensein, aber auch in Alltagssituationen, in denen plötzlich Resonanz anklingt, Zusammenhänge einleuchten, tiefe Stimmigkeit aufleuchtet, geht man als ein anderer daraus hervor, weil man sich vor etwas Größerem geöffnet und verbeugt hat.

Sich zurückbinden an Größeres schafft Resonanz, schon allein weil wir uns gehalten fühlen und uns deshalb anders verhalten. Weg vom fassadenhaften Äußerlichen, hin zu vergessenen Schichten des Inneren, um hinter die Dinge zu spüren. Andere erfahren Verbindung zu ihrem Selbst durch die Großartigkeit der Kunst, die wunderbare Unergründlichkeit der Natur, die Schönheit von Gedanken philosophischer Art, die Tiefe menschlicher Liebe. Je nachdem, wie das Licht auf dieses Prisma fällt, scheinen vielfältige Resonanzerfahrungen auf.

Menschen sind nicht selbstgenügsam. Immer streben sie auf etwas hin. Sie suchen etwas, das die Begrenzungen des eigenen Ichs übersteigt, etwas, das sie mit der Welt, mit etwas Größerem und mit dem anderen verbindet. Insofern heißt Resonanz suchen: sich verbinden, sich an etwas binden. Die eigenen Interessen, Begabungen, Energien richten, bündeln und etwas finden, wofür sich ein wirkliches Engagement lohnt. »Alles beginnt mit Sehnsucht.« Diesen Satz von Nelly Sachs möchte ich aufgreifen. Wesentlich scheint mir, dass wir unsere eigenen Sehnsüchte und Hoffnungen ernst nehmen und unsere persönlichen Schöpfungen danach ausrichten, was uns Geborgenheit, Hoffnung und Halt gibt.

Resonanz ist daran zu erkennen, dass sie uns weitet, größer und offener macht und ermutigt, für das einzustehen, was der eigenen Seele ein größeres Leben verspricht. Das zu tun, woran unser Herz wirklich hängt.

Sich verbinden mit einem übergeordneten Sinn meint nicht das sorglose Anlehnen an eine starke Schulter oder das Unterschlüpfen bei selbst ernannten Seelenführern, sondern es heißt, ausgetretene, überholte Pfade verlassen; das tun, wofür man brennt, was man wirklich liebt; sich dafür einsetzen, dass das Leben im Alltag eingebunden ist in Resonanzerfahrungen, die an einen größeren Zusammenhang erinnern wollen.

VII
RESONANZ-
IMPULSE

Weichen stellen

Diese Überschrift legt die Vermutung nahe, als sei Resonanz machbar. Ist sie natürlich nicht. Oder doch? Immerhin gehen viele zu Therapeuten, Astrologen, Beratern, sie gehen in die Kirche, in Clubs, in Selbsterfahrungsgruppen und zur Arbeit, obwohl sie lieber im Bett geblieben oder angeln gegangen wären. Was erwarten sie dort? Resonanz. Oder zumindest eine willkommene Entschädigung für fehlende Resonanz.

»Resonanz ist nicht planbar.« Darüber herrscht Einigkeit bei den Autoren. Sie lässt sich nicht ertrotzen, sagen die stillen Typen, die Schüchternen, die Unsicheren, die über ihre Pflichten hinaus arbeiten und dennoch keine Anerkennung von anderen ernten. So muss doch ein jeder, das sagte schon Sigmund Freud, selbst herausfinden, auf welche Fasson er selig werden kann.

Die Behauptung, Resonanz ergebe sich und sei nicht planbar, ist fatalistisch. Zusammen feiern und singen ist durchaus planbar. Allerdings gibt es keine Garantie dafür, dass die Leute die richtigen Töne treffen, und dass das Fest eine harmlose Spaßübung bleibt. Aber immerhin können wir im Alltag die Weichen so stellen, dass ein Mehr an Resonanz wahrscheinlich wird.

Sichere Rezepte für Resonanz gibt es nicht. Auf die Fragen: »Warum mag mich keiner, obwohl ich so toll bin?«, »Warum finde ich nicht den rechten Beruf?«, »Warum treffe ich immer den Falschen?«, »Warum schaut mir kein Mann nach?«, sollte man da etwa sagen: »Versuch es im

Internet, in der Partnerbörse, gehe jedes Wochenende aus und nimm zehn Kilo ab?«

Nein, Heilsbotschaften nach dem Motto »Mehr Haare durch positives Denken!« haben hier nichts verloren.

Was bleibt, damit Resonanz keine Theorie, sondern gelebte Praxis werden kann? Zweierlei: die Differenzierung zwischen der inneren Haltung, der Planbarkeit, wie man gute Resonanz einlädt, und dem, was uns zufällt als Geschenk stimmiger Augenblicke. Dazu die Erfahrung, dass sämtliche Resonanzimpulse, die ich gebe, nie für alle gelten können, aber für viele hilfreich sein werden.

Mich interessiert, wie wir einander stärken, wenn wir Resonanz nicht von der Glücksgöttin Fortuna erwarten, sondern in unserem Tun einfangen und mit anderen teilen. Diese Haltung macht resonanzwillig. Wir geben Resonanz, weil wir es so wollen. Resonanz, die uns zuteilwird, geschieht tatsächlich auch zusammen willentlich. Weil wir spüren und wissen, dass die Verweigerung von Resonanz verletzt und kränkt. Nicht weil wir bessere Menschen sind, sondern weil wir erkannt haben, dass es uns bessert, wenn wir einander wechselseitige Anerkennung (Ferenczi 1988) geben. Den Willen dazu möchte ich unterstützen. Die nun folgenden Resonanzimpulse sollen dazu dienen.

Beziehungen pflegen

Unsere Welt ist keine antwortende Welt mehr. Umso wichtiger werden deshalb Menschen, auf deren Antwort wir zählen können: Familie, Freunde, Bekannte. Als emotionale Selbstversorger würden wir in eine fatale Resonanzlosigkeit geraten. Natürlich kann man sich eine private Medieninsel einrichten und die Genugtuung genießen, niemanden zu brauchen und niemandem Dank zu schulden. Aber es ist ein einsames Vergnügen, das ahnen wir. Wir kommen nur über kurze Strecken damit aus, uns selbst zu wärmen und uns unserer eigenen Anerkennung gewiss zu sein. Deswegen der alt bewährte Ratschlag: Pflege deine Kontakte und Beziehungen! Geh nach draußen! Verlass deine Komfortzone!

Der Philosoph Byung-Chul Han erinnert daran, dass Freisein ursprünglich wegen der gemeinsamen indogermanischen Sprachwurzel »bei Freunden sein« bedeutet (Han 2010). Alleinsein macht also nicht frei, wirklich frei fühlt man sich in gelingenden Beziehungen, im Garten der Freundschaft, in der Poesie der kleinen Begegnungen. Wenn wir als Selbstverwöhner das Glück auf eigene Faust versuchen, werden wir nicht wirklich frei. Bis hinein in den Sport hat sich diese Erkenntnis durchgesetzt. Man spricht davon, »am Ball zu bleiben« oder »am gleichen Strang zu ziehen«, weil eine Gruppe, die es schafft zusammenzuhalten und ihre Kräfte zu mobilisieren, ungeheure Ressourcen zusätzlicher Energien freisetzt.

Ein angenehmes Zugehörigkeitsgefühl ist der Resonanzboden, der uns erlaubt, uns selbst auszudrücken. Auch wenn man ihn nicht herbeizwingen kann: Man kann dafür offen sein. Wie? Indem wir erst einmal Nuancen wahrnehmen aus Lust am Schauen, am Horchen, am Fühlen. Vielleicht entdecken wir dabei Zwischentöne, die uns bisher entgangen sind: den Atem eines Menschen, die Melodie seines Lachens, das Spiel seiner Augen, den Rhythmus seines Wimpernschlages. Wenn unsere Sensibilitäten wach werden, entdecken wir die Menschen, mit denen wir leben, vielleicht wie neu. Selbst die belanglosen kleinen Verwandlungen erscheinen in einem neuen Licht. Die beklommene Miene eines Freundes, an der man ablesen kann, wie ein überraschender Anruf ihn verwandelt hat. Solche Verwandlungen können auch wundervoll sein. Jemand verliebt sich mitten in der Fußgängerzone und geht mit strahlendem Gesicht weiter. Und wenn es nur eine Sekundenliebe war. Solche Liebesgeschichten sind eine der willkommensten Formen von Resonanz.

Wache Augen, wohlwollende Ohren, feinspürige Hände, das sind unsere Resonanzfühler, mit denen wir die Signale des Augenblicks ertasten. Weil wir unsere eigene Lebendigkeit bejahen, Ja zu uns selbst sagen, und an anderen das Liebenswerte erkennen. In solchen Augenblicken erlischt der Drang zur Rechthaberei, schweigt die Streitlust, relativieren sich die falschen Wichtigkeiten und zügelt sich die schnelle Zunge. Auch das ist Resonanz: dem Augenblick, der eigenen Lebendigkeit zustimmen.

Solche Impulse auf den Spuren der Resonanz sind es, die die selbst errichteten Wände zu den anderen abreißen. Wir werden mehr für den Augenblick leben und nicht so sehr auf den Himmel spekulieren, der uns vor uns selbst retten könnte. Denn was rettet uns vor uns selbst? Unsere Freunde.

Freundschaften werden durch glückliche Zufälle gebahnt, die zu langen Wegen führen, allerdings nur – wenn

wir sie pflegen. Was sie spannend macht: Freunde hingegen sind oft so verschieden und gerade deswegen entdecken sie Resonanzen, die sie miteinander verbinden. Kum-
pel und Kameraden verbindet die gleiche Lage. Freunde
wissen viel voneinander und mögen sich dennoch. Schon
feinste Nuancen im Stimmfall oder in der Mimik und
Gestik erzeugen Resonanz, weil der andere intuitiv Rückschlüsse zieht auf die Befindlichkeit und die zu erwartende
Reaktion. So gleicht die Liebe zu einem Freund der Liebe zu einem Instrument. Beide brauchen Pflege und viel
Üben.

Wie die Liebe ist die Freundschaft eine Entscheidung,
die mit Leben gefüllt werden will, und nicht ein ewig
haltbares Ausstellungsobjekt, das man hin und wieder
abstaubt. Das kann mitunter anstrengend sein. Aber
Freundschaft misst sich daran, was sie aushält und einfor-
dert. Nur bei wirklich guten Freunden kann man sagen:
»Mir ist nicht danach. Ich will lieber allein sein.« Freunde halten das aus. Freunde ertragen auch, wenn wir zum
x-ten Mal über unsere Liebesenttäuschung oder die leidi-
gen Familienprobleme lamentieren. Dafür sind Freunde
da, dass sie einander Beistand leisten, über Vergesslichkei-
ten mit Humor hinwegsehen, einander auf andere Gedanken bringen, die das Leid klein erscheinen lassen, und die
Tür öffnen, wenn wir nachts anklopfen: »Mach auf, ich
bin es!« Freunde antworten. Ihre Resonanz macht uns frei,
zu dem zu werden, was wir im Innersten sind – einzigartig, eigensinnig, verwegen und originell. Dafür lohnt es
sich, sie gut zu pflegen. Auch wenn wir mitunter gemeinsam im Regen stehen.

Etwas tun

Haben Sie schon einmal davon geträumt, etwas Verrücktes, Wundervolles, Eigensinniges zu tun? Ein Ticket für einen Raumflug zu kaufen? Den Job hinzuschmeißen? Sich in Samt und Seide herauszuputzen? Jemandem ins Gesicht sagen, was Sie wirklich von ihm halten? Solche Fantasien sagen etwas aus über Sie. Haben Sie den falschen Beruf? Oder sind Sie zu träge oder zu faul, um Ihre Wünsche in die Tat umzusetzen? Oder gar feige, weil Sie lieber reden als handeln? Oder fehlt Ihnen das Sicherheitsnetz an Freunden, die Sie unterstützen? Überdies zeigen Ihre Träume, dass es Ihnen genauso geht wie so vielen, die lieber träumen, als etwas zu tun.

Tun Sie etwas, eigentlich ist es egal, was. Hauptsache Sie tun etwas, denn das schafft Resonanz. Wenn Sie jemandem Ihre Ideen, Erfindungen, Überraschungen und Pläne zeigen, locken Sie nicht nur sich, sondern auch die anderen aus ihrer Passivität. Weil Sie einladen zum Mitdenken, Zuhören, Fragen, Einlassen, Mitmachen. Resonanz findet sich nicht beim passiv Wartenden, sie beschwingt und inspiriert den Tätigen, der seine Energie und Schaffenskraft einsetzt. Wie ein junger Ingenieur einmal sagte: »Je härter ich schufte, desto mehr Echo bekomme ich.« Damit will ich nicht die Schufterei anpreisen. Aber dafür die Resonanz, die ich mit den eigenen Taten einfange und mit anderen teile.

Passiver Medienkonsum ist demgegenüber langweilig wie Abwaschwasser. Und der Laubbläser, den die Industrie für unsere Gartenliebhaber zur Motorisierung des Gartens ausgetüftelt hat, erfüllt den Tatbestand der Lärmbelästigung, der jegliche Resonanz verhindert – außer dem Ärger mit den Nachbarn. Resonanz setzt nämlich voraus, dass das eigene Schwingungsfeld eben nicht so dominant, so ohrenbetäubend ist, dass daneben nichts anderes mehr bestehen kann.

Wer Resonanz sucht, will selbst tätig sein und nicht warten, bis Fortuna durch das Zimmer rauscht. Er will seine Grenzen austesten, weil sein Verlangen nach Mitmachen und Mitdenken so lebendig ist, dass er sich einsetzt – auch für die anderen. Es muss nichts Großes sein, was er auf die Beine stellt; selbst zweckfreies Spielen, Malen, Musizieren, Schreiben wirft einen Lichtstrahl ins Grau des Alltags.

Die Kraft, sich Aufgaben und Tätigkeiten zu suchen, will gewonnen werden, vor allem wenn man durch seinen Beruf oder durch die Kinder eingespannt ist. Einen herrlichen Satz hierzu verdanke ich dem Philosophen Emile Chartier alias Alain, der von der Pflicht, glücklich zu sein, schreibt: »Es ist leichter, eine Geige in die Hand zu nehmen, als sich ins Unabänderliche zu fügen« (Chartier 1960/62).

Es muss keine Geige, es kann ja auch eine Flöte sein. Die Lust, etwas zu tun, beginnt nämlich viel elementarer bei unseren Sinnen. Indem wir uns ausrichten auf die Resonanz der kleinen Wunder: dem morgendlichen Gesang der Vögel lauschen, die Geräusche des erwachenden Tages aufnehmen, energisch laufen und genießen, wie die eingerosteten Muskeln wieder spielen, unsere grünen Geschwister – die Bäume – begrüßen, wie ein ausgelassenes

Kind rennen, in die Gesichter und Fenster der anderen neugierig schauen, einen Blick einfangen, ein Spiel der Farben einsaugen, sich Traumfetzen nochmals vergegenwärtigen und mit Ideen spielen.

Aus all dem wächst mit der Zeit ein großer Resonanzraum, der unsere Sinne für eine umfassende Zustimmung unserer eigenen Lebendigkeit und Wärme weckt. Mit anderen Worten: Etwas tun ist eine Kunst, die darin besteht, jenen Geist am Leben zu erhalten, der uns wieder in den Zustand eines spielenden Kindes versetzt. Warum? Wenn Kinder spielen, sind sie total vertieft. Genau das geschieht, wenn wir höchst konzentriert und nicht angespannt etwas tun. Da geschieht Verzauberung, die die pure Resonanz ist: Weil sich der Unterschied zwischen mir und dem, was ich tue, allmählich auflöst.

Werfen Sie einmal einen Blick in ein Mikroskop und betrachten Sie einen Ihrer Lieblingssteine. Indem Sie sich kurz von der Welt um Sie herum freimachen, dringen Sie genau in dem Augenblick tief in sie ein. Ein magischer Augenblick. Und das mitten in Ihrem prosaischen Arbeitsalltag.

Interesse pflegen

Ich erinnere mich an eine Szene in einer Kneipe. Ein Mann sitzt vor seinem Weinglas. Gedankenverloren starrt er vor sich hin, die Schultern hängen schlaff nach unten. Er spricht nicht, aber dennoch spüre ich: Er muss erschöpft und verzweifelt sein. Die Türe geht auf, ein junger

Mann kommt herein, schaut ihn interessiert an, bleibt stehen, bis beide schließlich Augenkontakt miteinander haben. Er setzt sich zu ihm. Es wird klar, dass sie sich kennen, und dass der Junge ihn durch seine Nähe irgendwie aus seiner Isolation herausholt und seine Verzweiflung besänftigt. Sein Gesicht hellt sich auf, er sitzt plötzlich aufrecht und zum Schluss verabschieden sich die beiden mit einer herzlichen Umarmung.

Diese Szene zeigt, wie mächtig Resonanz und Anteilnahme wirken, wie sie Einsamkeit und Verzweiflung verwandeln, weil da einer gewesen ist, der sich angesprochen gefühlt und hingeschaut hat und einen Schritt auf ihn zu getan hat.

Offen und interessiert zu sein für Eindrücke von innen und außen – das ist die Basis für Resonanz. Durch Desinteresse versäumen wir das vitale Erleben eines unserer mächtigsten Grundbedürfnisse: dazuzugehören und gesehen zu werden. Das schwingt auch im Wort Inter-esse (Inter heißt »zwischen« oder »dazwischen«; esse heißt »sein«) mit, das Recht, dabei zu sein und etwas davon zu haben. Üblicherweise wird dieses Recht als etwas etikettiert, das wir haben, nicht auf etwas, was wir sind, auf das wir antworten. Man braucht bloß Menschen zu beobachten, die interessiert und neugierig sind. Sie sind Kindern in ihrem Spielverhalten sehr verwandt: vertieft, ganz bei der Sache, neugierig, in Bewegung, staunend, gelangweilt, überrascht und irgendwann hungrig und müde. Kaum sind diese Grundbedürfnisse gestillt, geht es wieder von vorn los.

Tatsächlich sprechen wir auf Menschen oder Sachen an, die in uns aktiviert werden, sodass man auch sagen kann:

Das Interesse und die Neugier haben uns. Allerdings nur solange wir noch nicht abgerichtet und zurechtgestutzt sind auf Routine, Angepasstheit und Bravheit.

Man kann zwar niemanden darauf festlegen, motiviert zu sein, aber die Neugier spielt überall mit, zwischen Liebenden, Freunden, Eltern und Kindern, Alten und Jungen, Lehrern und Schülern. Schon in der Schule begreifen wir langsam, Schüler wollen mehr als nur Sachbezüge, sie brauchen Resonanz. Ohne Resonanz kein Interesse und keine Neugier. Auch wenn der Neugier der Ruf »Unreife« irgendwie anhaftet, tatsächlich ist sie aber unverzichtbar für die kognitive Entwicklung und die körperliche Gesundheit. Aber sie gedeiht eben nur dort, wo das Umfeld reizvoll, impulsreich und stimulierend ist.

Wie heißt es doch so schön: Wer seinen Lehrer liebt, der liebt auch Biologie. Resonanz braucht das Interesse am anderen. Es braucht uns und unser Interesse, um uns in die Rolle des Gegenübers zu versetzen, denn erst dann geschieht gegenseitige Abstimmung, die Verstehen hervorruft. Selbst einen Witz hat man erst dann erzählt, wenn der andere lacht. Wenn Sie jemandem Ihre spannenden Urlaubsgeschichten erzählen und er beginnt gelangweilt in einem Fotoalbum zu blättern, werden Sie wahrscheinlich Ihre Stimme etwas anheben oder etwas lebhafter erzählen, um sein Interesse zu wecken. Das heißt, wie ich mit jemandem spreche, hängt von ihm ab. Schon minimale Zeichen – eine Ausweichen des Blicks, eine abwehrende Geste – leiten mich, um mich auf ihn einzustellen. Es gibt kein Reden im leeren Raum, jede Äußerung ist auf den anderen bezogen und wird erst durch ihn vervollständigt.

Dem französischen Philosophen Jean-Paul Sartre verdanken wir die Beobachtung, dass sich in einer Begegnung jeder der Beteiligten schon allein dadurch verändert, dass er vom anderen angeblickt wird. Der Blick des anderen verändert unsere Selbstwahrnehmung und führt dazu, dass wir uns anpassen. Das kann auch unangenehm sein, wenn uns gerade daran liegt, bei uns selbst zu sein. Aber es kann auch lebensrettend sein wie in dem obigen Beispiel der beiden Männer. Wenn wir die Gelegenheit wahrnehmen, wirklich aufmerksam zu schauen, lernen wir mehr über uns selbst, als wir von uns selbst erfahren können. Nur aus der Wärme unseres Interesses heraus entwickelt sich Resonanz, aus ihr fassen wir das Zutrauen, dass wir selbst auch interessant sind.

Und in Gesprächen – diese Erkenntnis verdanken wir den Interaktionsforschern (Schwitalla 1992) – entdecken wir den Tanz der Abstimmung aufeinander, wenn wir aufmerksam dem Klangfluss folgen, der sich zu einem gemeinsamen Rhythmus entwickelt. Dieses Sich-aufeinander-Abstimmen der Haltungen, der Gesten trägt wesentlich dazu bei, dass der Eindruck entsteht, dass ein Gespräch gut gelaufen ist, dass man Interesse geweckt hat oder die Chemie stimmt. Sie merken es vielleicht selbst nicht einmal, dass Sie, auch wenn Sie ganz still sitzen, sich mit Ihrem Gegenüber bewegen – mit Ihren Augen, Händen oder dem Kopf. Während wir hören, sprechen wir, und wenn wir sprechen, hören wir, weil wir gar nicht anders können, als aufeinander bezogen zu sein. Wenn wir uns auf diese Weise anstecken, dann ist beiderseitige Resonanz die Folge.

Allerdings gibt es auch die Schattenseite, denn so schön es auch ist, wenn Menschen sich für uns interessieren, mit denen wir gern nahe sind, so schlimm ist es, wenn sich Leute dazu anmaßen. Im schlimmsten Fall rufen wir sogar um Hilfe oder nach der Polizei, wenn sich jemand ungebeten nähert.

Wer öfters im Lift fährt, kennt die Situation. Keiner schaut den anderen an, eisiges Schweigen. Man fühlt sich wie im Kühlschrank. Gezwungen mit Fremden so nahe zu sein, reagieren Menschen mit Energiesparen und Erstarrung. Sie reduzieren ihre Wahrnehmung, ihre Energie, ihre Frequenz: kein Empfang! Kein Interesse! Solche Sparmaßnahmen respondieren mit negativen Gedanken, Einstellungen, Stimmungen. Geschieht dies im engen Familienkreis, wenn beispielsweise Eltern oder Geschwister einander mit Schweigekuren bestrafen, so ist das wohl das Grausamste, was man einander antun kann. Wenn jemand ignoriert wird, passiert etwas Profundes, seine Konturen werden unscharf und lösen sich irgendwie auf. Da braucht es dann wirklich einen, der die Hand hält und Interesse zeigt.

Manchen fällt es schwer zu spüren, was in anderen vorgeht. Oder sie verstehen nicht, weshalb eine Beziehung, die einst eng und vertraut war, sich plötzlich abkühlt. Womöglich empfinden sie den Ärger oder die Wut der anderen wie aus dem Nichts kommend und können sie nicht einordnen. Daraus lässt sich ablesen, wie sich unser Gehirn in Beziehungen geformt hat. Hat es ein Training in Gleichgültigkeit absolviert, weil andere sparsam beim Hinschauen und Hinhören waren, so wirkt sich das auch auf das Empathievermögen aus.

Ob man nun ein handwerklicher, dichtender oder musizierender Mensch ist – die einzige Haltung, die wirklich dazu motiviert, Gleichgültigkeit und negative Schwingungen zu vertreiben, und uns aufrechterhält, ist die Haltung liebender Neugier und echten Interesses. Kurzum: nie aufhören hinzuschauen, hinzuhören, zu lernen, zu fragen.

»Aber was habe ich davon«, fragt mich ein junges Mädchen. »Nichts«, antworte ich. »Aber du bist, wenn auch nur kurz, ein veränderter Mensch. Lebendiger, wärmer, offener, furchtloser.«

Etwas lassen

Schauen Sie sich einmal die Fotos Ihrer Eltern oder Großeltern an und erinnern Sie sich an deren Lebensgewohnheiten im Essen, Trinken, an ihren Kleidungsstil, ihren Einrichtungsgeschmack. Wie kommt es, dass sie so viel Gleichklang, so viel Übereinstimmungen und gemeinsame Vorlieben entwickelt haben? Ganz einfach: weil sie viel Zeit miteinander verbracht haben. Und trotz ihrer Verschiedenheiten sich soweit aufeinander abgestimmt haben, dass eine synchrone Schwingung entstanden ist.

Will man also mehr Resonanz erfahren, so braucht man Zeit und Engagement für die Menschen und Dinge, die zu einem gehören. »Dazu habe ich keine Zeit« – das hat sich inzwischen herumgesprochen – gilt nicht. Wir alle haben Zeit, die Frage ist nur: Wofür bin ich bereit, sie mir zu nehmen? Es geht um die Haltung, die jede Zeitknappheit gegenstandslos macht. Haltungszeit ist nicht messbare Zeit, sondern die Art und Weise, wie wir uns dem anderen öffnen, wie wir präsent sind. Manchmal genügt ein Blick, der zum anderen spricht, ihm Antwort gibt, ihn berührt. Solche Augenblicke können prägen, wenn sich darin eine Einstellung zeigt, die den anderen erreicht. Man könnte sogar sagen, es ist zeitsparend, wenn man sich wirklich für andere interessiert, weil wahres Interesse viel tiefer wirkt als beispielsweise der hochgereckte Daumen auf Facebook. Später reicht oft eine Geste oder ein Stichwort, und das Erlebte ist wieder präsent und wirksam.

Wenn wir unsere selbstbezogene Unruhe und Hektik ablegen, kommen wir in den Genuss einer Resonanz, die unsere Begegnungen insgesamt verändert, sowohl äußerlich als auch innerlich. Wir begegnen uns freier, weil wir uns berührbar machen, und wir fühlen tiefer, weil wir einander Zeit schenken. Denn Gefühle brauchen Zeit.

Nichts geht über die lebendige Gegenwart eines anderen. Die Resonanz zu einem Menschen unseres Weges – ein Lebensmensch – ist durch kein Ding, und wenn es noch so teuer und spektakulär ist, zu ersetzen. Wir bringen uns um unsere Resonanz, wenn wir auf Statusvehikel, Egofestungen, Medienverwöhnung und Selbstwertprothesen setzen, weil sie den Hang haben, uns abzulenken, von dem, was uns wirklich nährt: die Begegnung mit Menschen.

Auch wenn man seinen Partner längst gefunden hat, ist das keine Absage an andere Freunde, Paare oder unvorhergesehene Begegnungen und Gespräche. Resonanz kann nicht in Gang kommen, wenn wir den Umgang mit verschiedenartigen Menschen versäumen. Natürlich ist das, im Gegensatz zum Fernsehkonsum oder Arbeitseinsatz, mit Unsicherheiten verbunden, andernfalls wären es keine echten Begegnungen, deren Spielarten sich nicht diktieren lassen. Statt seine Sehnsüchte und Hoffnungen auf Resonanz durch passiven Konsum abfüttern zu lassen, kann man aktiv teil-nehmen, indem man Zeit mit anderen teilt. Im Teilen werden wir »Part« im Sinne von Partner einer Begegnung, an der wir uns beteiligen. Da gibt es kein Oben und Unten, kein Gegockel und Aufblähen oder Buckeln und Unterwerfen. Am besten man lässt seine Statusansprüche und Statusängste zu Hause und willigt ein in dieses »Resonanzspiel«, auf das wir uns besinnen, wenn wir uns nicht mehr fremdbestimmen lassen und selbst vor die Haustüre gehen.

Allerdings gilt auch hier: Resonanz ist eine Angelegenheit des rechten Maßes und der Sorgfalt. Also der Angemessenheit. Voraussetzung ist ein Selbstbild, in dem man sich weder zu grandios noch zu schwarz malt. Wo sind meine Grenzen des Erlebens? Was ist für mich verkraftbar?

In Spanien fand ich ein Schild, auf dem stand: »Nicht mehr erleben, als du überdenken kannst.« Für mich heißt das, eigene Erfahrungen machen zu können. Im Kleinen: Bücher nicht nur kaufen, sondern sich auch den Inhalt aneignen. Ein guter Gastgeber sein auch für die Urlauber, die uns besuchen. Prüfen, wie viel Plunder man in die Ferien mitnimmt, obwohl man doch den ganzen Plunder hinter sich lassen will. Ein Fest feiern und dabei einen Abend lang mit allen gut Freund sein. Zu Fuß gehen, statt mit dem Auto in den Fitnessclub fahren.

Statt einen teuren Lifestyle zu pflegen, sollten wir lieber mit den eigenen Sinnen behutsam umgehen und ihnen nicht mehr zumuten, als sie aufnehmen können. Sich nicht aufhalten mit nutzlosen Tätigkeiten. Oder bügeln Sie immer noch Ihre Bettwäsche? Die Aufmerksamkeit für Menschen nie vernachlässigen.

Das sind meine Impulse, denen vielleicht etwas Subversives anhaftet. Die Verwirklichung dieser Lebenspraxis könnte aber zu einer Verweigerung angebotener Glückssurrogate führen, die uns in die Passivität verführen wollen. Man bedenke nur, wie Internetshopping, Fernsehen und Bürotätigkeit uns dazu zwingen, immer brav auf dem Allerwertesten zu sitzen. Wir wollen aufstehen und selbst vertrauenswürdige, aufrechte Hüter unseres Körpers sein. Wir wollen selbst entscheiden, was sich, und mit wem es sich gut, stimmig oder richtig anfühlt. Womöglich findet man sich ja selbst dabei und muss keine Selbsterfahrungsgruppen und Fernreisen mehr buchen.

Sich selbst pflegen

Es ist Zeit, sich um sich selbst zu kümmern. Was gut ist für die Menschen um uns herum, sollte man auch auf sich selbst beziehen. In der schönen Werbung von L'Oréal heißt es ja auch nicht nur »Weil wir es uns wert sind«, sondern »Weil ich es mir wert bin«. Nicht aus Eitelkeit, viel eher als therapeutischen Effekt, weil wir bei unserem ersten bewussten Blick in den Spiegel begriffen haben, dass es uns auch als eigene vollständige kleine Geschöpfe gibt. Allerdings bleibt da immer jene Lücke, dass wir uns zwar sehen – unser Selbstbild –, aber nie gänzlich fühlen, wer wir sind. Mit sich selbst eins werden scheint zu einem gelingenden Leben zu gehören. Deswegen kaufen wir uns Designerjeans und schöne Kleider, um uns als jemanden zu erleben, der toll aussieht und möglichst gute Gefühle hat.

»Arbeiten Sie darauf hin, sich selbst zu verwöhnen« – dieser Hinweis ist in etwa so nützlich wie das zum intellektuellen Stillstand ausgerufene: »Ich will so bleiben, wie ich bin!« Ich möchte mein Leben darauf nicht ausrichten.

Lieber das stille Vergnügen der kleinen Resonanzoasen. Ein Gedicht mitten im Alltäglichen. Ein Spiel, das uns komplett die Welt vergessen lässt. Eine Flucht in uns selbst, die uns von gesellschaftlichen Verpflichtungen beurlaubt und uns neue Ideen, Bilder und Gedanken beschert. Ein bisschen ausbüxen in Träumerein und Fantasien, die in uns die Lust wecken, unser spielerisches Selbst freizusetzen: »Ich kann auch eine andere sein.«

Allein das Spiel mit Möglichkeiten, die den Geist auffrischen und zu Entdeckungen führen, die der Vagabundin, der Eigensinnigen, der Mutigen, die wir immer sein wollten, viel eher entsprechen als der angepassten Fleißigen, die wir geworden sind, beflügelt unser Selbst. In dem Maß, wie wir unsere Spielräume der Freiheit selbst in die Hand nehmen, üben wir uns in Stimmigkeit, die unsere Wünsche nicht verbiegen lässt. Man könnte sich fragen: Was ist mein bisher nicht wahrgenommener Resonanzspielraum? Und dann horchen und spüren, was da in einem aufsteigen will. Oft eröffnen sich diese Spielräume durch ganz einfache Fragen: Wann habe ich aufgehört zu singen? Wann habe ich aufgehört, Geschichten zu erzählen? Wann habe ich zum letzten Mal getanzt? Wann habe ich zum letzten Mal die Stille genossen? Diese Fragen mögen schlicht klingen. Aber letztlich liegt in ihnen das Potenzial, das in sämtlichen Kulturen eingesetzt wird, um Resonanz zu erfahren: spielen, tanzen, schweigen, Geschichten erzählen. Wenn Menschen über die Zeit sprechen, in der sie aufgehört haben zu singen, kann man fast sichergehen, dass sie da eine Krise durchlebten.

Überlegen Sie: »Wann habe ich aufgehört zu singen? Wann habe ich zum letzten Mal getanzt? Wann habe ich zum letzten Mal Geschichten gelesen oder erzählt?« Sie werden überrascht sein.

Treibhaus der Resonanz

Noch immer und immer wieder neu bin ich erstaunt darüber, dass ich seit mehr als 25 Jahren jeden Sommer in dieses kleine Haus in einer kleinen Straße eines spanischen Dorfes zurückkehre. Nie hätte ich gedacht, dass ich einmal Ziegenkäse in meiner Küche herstelle und mit Gummistiefeln und Maurerkelle in der Hand im nassen Steinfußboden stehe. Dieses Sommerleben hat mich durch Tiefen und Höhen geschickt, in denen ich allmählich begreife, was Resonanz ist und sein kann.

Jedes Haus in dieser Sackgasse ist aus Stein gebaut, nach außen bewusst bescheiden gehalten und nach innen durch die dicken schützenden Steinmauern eher höhlenartig, dunkel und heimelig. Die Menschen in dieser Straße sind so unterschiedlich, wie sie es nur sein könnten. Und dennoch spürt jeder: »Ich gehöre dazu.« Jeder ist anders als die anderen, dennoch wird diese Differenz nicht aggressiv ausgetragen, weil wir wissen: »Wir sind aufeinander angewiesen.«

Es ist eine Welt, in der wir alle gleichermaßen »zu Hause« sind. Wir sprechen verschiedene Sprachen, aber sie sind keine undurchdringlichen Lebenswelten mehr. Sie lassen sich ineinander übersetzen, weil wir das Gemeinsame suchen. Mühelos merken wir uns die Geburtstage. Selbstverständlich teilen wir unser Essen. Einer kocht einen Gemüseeintopf, der Nachbar riecht den üppigen Duft, und natürlich offeriert er ihm eine Portion. Der andere liebt seine überdimensionalen Melonen. Sobald sie reif sind, tippelt er von Haus zu Haus, um seine Ernte gerecht zu verteilen. Die Dünnen bekommen die Größeren, die Dicken sollen sich bescheiden. Und wenn einer ein Fest feiert, gibt es keine Einladungen, man geht einfach hin, weil man weiß, dass man sowieso eingeladen ist.

Wir wundern uns immer wieder über ein erstaunliches Resonanzphänomen: Fängt einer auf seiner Patio zu essen an, so setzt sich dieses Geräusch fast wie abgesprochen von Haus zu Haus fort zu einem Crescendo aus Besteckgeklapper, Gläserklirren und Stimmengewirr, wobei sich sogar die Sprachmelodien, je länger der Abend geht, allmählich angleichen. Jeden Abend dieses Gefühl: Wir sind für eine Zeit lang befreit von uns selbst in jenem größeren Zusammenhang, der die Alltagsleiden und die banalen Nichtigkeiten klein erscheinen lässt.

Diese friedliche Koexistenz überträgt sich sogar auf unsere Mitbewohner – die Ameisen. Unsere Häuser sind ebenerdig. Wir müssen keine Treppen steigen, aber die Ameisen eben auch nicht. So erleben wir eine Koexistenz mit ganzen Armeen von Ameisen, deren Kommen und Gehen sich nach einem wohldurchdachten System auf uns alle verteilt. Nach vielen kläglichen Abwehrversuchen kapitulierten wir und ließen die Ameisenprozessionen an uns vorüberziehen. Da wir einander kennen, behandeln wir einander inzwischen mit reservierter Resonanz und Respekt, wie es sich unter Gegnern gehört.

Wir brauchen kein Fernsehen, weil wir nahe beieinander sind und einander zuwinken: »Ich bin da.« Wir brauchen keine Vorhänge, weil wir sie nicht als Schutz voreinander brauchen, dazu genügen die Mandelbäume vor dem Haus. Unsere Berührungen sind leicht, wie bei Tänzern. Es braucht nicht viele Berührungen, denn wir bewegen uns instinktiv im gleichen Rhythmus. Es scheint eine geheimnisvolle Choreografie zu geben, nach der wir uns bewegen.

Aber sie ist wie beim Tanzen auch leicht störbar. So bringt Hässliches oder Plumpes mit einem Schlag alles zum Stocken. Der sonntägliche handgeführte Laubbläser eines Nachbarn bringt mit seinem Lärm uns alle zum Erstarren – Totstellreflex. Auch das ist Resonanz – aber eben als Dissonanz. Und wenn sich ein anderer wieder einmal mit seiner Frau streitet, so kommunizieren sich diese Gefühle, noch ehe wir Worte gefunden haben. Plötzlich vergeht in den Häusern das Lachen, der Ton wird gereizter, der Blick ernsthafter, die Kinder kloppen sich, leichte bis mittelschwere Irritation und Gespanntheit breiten sich aus und flattern wie ein Vogel von Haus zu Haus. Bis endlich das Signal für Entspannung kommt. Das Paar hat die intensive Aufmerksamkeit füreinander wieder heruntergefahren, deswegen machen auch wir uns keine Sorgen und atmen fröhlich auf: Wir alle sind noch im gleichen Boot. Als würde ein beschwichtigendes Lächeln durch die Straße ziehen, wagen sich die ersten unbefangenen Worte und harmloser Kinderlärm hervor. Keine irreversiblen Schäden sind entstanden.

Wenn die Stimmung entspannt ist, spiele ich gern Klavier. Auch da ein eigenartiges Phänomen von »Einkoppelung«. Ich spiele am liebsten Klavierwerke von Johann Sebastian Bach und kaum habe ich mich ein wenig warm gespielt, tönt es vom Nachbarjungen herüber, als würde ich mein Echo hören. Er singt im gleichen Tempo in seiner Tonlage meine Melodie nach. Obwohl wir einander nur schwach hören können, weil die Häuser auseinanderliegen, klinken wir uns immer wieder aufeinander ein, als würden wir einander einfangen und dazu bringen, unsere Rhythmen und Tempi einander anzugleichen. Als wollten wir im Gleichtakt miteinander pulsieren und einander zurufen:

»Ich höre dich.« – »Hörst du mich auch?«

Man braucht so wenig, um glücklich zu sein. Wenig Optionen, wenig Wünsche, nur ein paar Töne. Dieses Einfache gibt uns die Gewissheit, dass wir einander nahe sind. Diese Einfachheit überträgt sich auf alles. Man hat den Kopf frei, weil man erlebt, mit wie wenig man auskommt. Wie die Eitelkeit schwindet, wenn man nur wenige Kleider hat. Wie die Lust auf passiven Konsum schrumpft, weil eine lebendige Musik an seine Stelle rückt. Nichts speist die inneren Resonanzen mehr als so bescheidene Tätigkeiten wie Brotbacken, Einmachen, Holzarbeiten, Kochen und Singen, weil sie dazu beitragen, dass man sich innerlich sammelt. Und weil diese Quellen die Neigung haben, weiter zu sprudeln.

Ich bringe der Nachbarin Brotbacken bei und erlebe sie, die stets Bescheidene, auf einmal strahlend und stolz. Dafür darf ich in ihrer Küche beim Paellakochen mithelfen und die eigenen Pecan Brownies aus dem amerikanischen Kochbuch meiner Schwiegermutter anbieten. Was für ein wundervoller Tag, denke ich. Was hat ihn so wundervoll gemacht? Ich glaube, es ist die Einfachheit dieses Lebens mit diesen Menschen, die der Zufall zusammengeführt hat. Das Gefühl von Raum und Zeit, das natürliche Gleichgewicht zwischen einem körperlichen, intellektuellen und gemeinschaftlichen Leben. Der zwanglose Rhythmus, die Leichtigkeit der Berührungen. All das baut sich wie ein Tanz auf, der mal kompliziert, mal heiter, mal leicht, mal verrückt, mal witzig ist. Abends wenn wir in unsere Häuser zurückkehren, einander erzählen und Gedanken austauschen und in die dunkle Weite des Sternenhimmels eintauchen, schauen wir nochmals zurück in das Licht der anderen Häuser, die aus dem Dunkel leuchten.

Was ist es, das uns füreinander offen macht? Ich glaube, es sind die unendlichen Weiten und das unergründliche Dunkle, das uns an unsere Kleinheit erinnert und die wärmenden Funken der anderen suchen lässt.

Glücklicher Ausklang

Was immer zwischen Menschen geschieht, Resonanz spielt immer mit. Ob jung oder alt, Einzelgänger oder Freunde, Eltern oder Kinder, Einsame oder Geliebte. Nirgends lässt es sich ohne sie leben. Sie ist dabei – als erwünschte oder unerreichbare, als ersehnte oder abgewiesene Kraftquelle oder gar als Heilmittel gegen Angst und Stress.

Wie wollen Menschen in Beziehungen zu anderen, zur Natur, zu den Dingen und zu sich selbst leben? Das ist die große Frage, die hinter dem steckt, was uns Resonanz stiftet und gewährt, und dem, was sie verhindert.

In einer Welt, die als antwortend erlebt wird, bereiten sich inkognito neue Geschichten vor, die die Merkmale des Glücks tragen. Eine warme Hand, ein unerwartetes Verständnis, eine kleine Zuneigung. Diese Geschenke leben nur durch unsere Resonanzbereitschaft, mit der wir uns berühren lassen und andere berühren. Die lebendige Gegenwart eines anderen ist durch kein Ding zu ersetzen. Nur aus der Wärme unserer Zuwendung entwickeln sich Geschichten, die uns das Zutrauen schenken, dass wir gemeinsam jemand sind.

Als ich jung war, liebte ich diese Geschichten und Filme mit traurigem Ende, Madame Bovary, Anna Karenina, Tristan und Isolde, Romeo und Julia, die ich mit klopfendem Herzen und heißen Tränen in mich einsog. Ich las unendlich viele Geschichten mit bitterem Ende.

Viele Jahre sind seither vergangen. Und plötzlich werden wir selbst vom Leben mit schlimmem Ausgang überrascht, die nicht mehr Fiktion sind. Erleidet man Verluste, Trennung, Herzeleid in der ersten Person, so wandelt sich so vieles, was man früher begeistert verschlang, in nackte, harte Tatsachen. Mehr noch, man erlebt, dass die Realität oft sämtliche fiktiven Geschichten übertrifft.

Deswegen wünsche ich meinen Lesern, dass sie glückliche Ausgänge erleben, fantasieren, glauben und von ihnen träumen. Das Leben trägt nicht mehr die Farbe des blauen Sommerhimmels unserer Kindertage. Wir brauchen Geschichten, die uns Hoffnung stiften, ermutigen, die uns mit dem Leben versöhnen, wie es ist. Als Kinder befanden wir uns unter einem wolkenlosen, blauen Sommerhimmel. Unbekümmert konnten wir diese traurigen Geschichten genießen. Heute ist unser Himmel weder blau noch grau. Er hat viele Farben, Nuancen und Zwischentöne – ein ganzes Spektrum. Deswegen wünsche ich Ihnen und Ihren Geschichten immer wieder glückliche Ausgänge.

Literatur

Alain (Pseudonym), Die Pflicht, glücklich zu sein. Frankfurt a. M. 1975

Altmeyer, M., Identitätsspiele mit der Kamera. Medialer Narzissmus und das zeitgenössische Selbst. In: Kögler, M. (Hg.), Möglichkeitsräume in der analytischen Psychotherapie. Gießen 2009

Ausländer, R., Ich spiele noch. Neue Gedichte. Frankfurt a. M. 1989

Banks, A. E./Hirshman, L. A., Four ways to click. Rewire your brain for stronger, more rewarding relationships. New York 2015

Batson, D., Empathy-induced Altruism. In: Prosocial Motives, Emotions, and Behavior, March 24–27, 2008

Bauer, J., Prinzip Menschlichkeit. Warum wir von Natur aus kooperieren. Hamburg 2006

Bernhard, T., Alte Meister: Komödie. Frankfurt a. M. 1988

Bieri, P., Eine Art zu leben. Über die Vielfalt menschlicher Würde. München 2013

Borges, J. L., Die unendliche Bibliothek. Erzählungen, Essays, Gedichte. Frankfurt a. M. 2013

Bohleber, W., Psychoanalyse. Adoleszenz und das Problem der Identität. Psyche – Z Psychoanal 53, 1999

Chartier, É. (Alain), Œuvres. Paris 1960/62 (3 Bde.)

Christakis, N. A./Fowler, J. H., Connected! Die Macht sozialer Netzwerke und warum Glück ansteckend ist. Frankfurt a. M. 2010

Clark, C., Misery and company. Sympathy in everyday life. Chicago/London 1997

Condon, W. S., The role of Interactional Synchrony to Cognitive and Emotional Processes. In: Key, M. R. (Hg.), The Relationship between Verbal and Nonverbal Communication. New York 1980

Decety, J., Empathy. From bench to bedside. Cambridge/London 2012

Doidge, N., Neustart im Kopf. Wie sich unser Gehirn selbst repariert. Frankfurt a. M. 2008

Däubler, T., Nordlicht. Hymne an Italien. München 1916

Duarte, N., Resonate. Present visual stories that transform audiences. New Jersey 2010

Dux, G./Odo, M./Ströker, E. (Hg.), Helmuth Plessner. Gesammelte Schriften X. Schriften zur Soziologie und Sozialphilosophie. Frankfurt a. M. 1985

Ferenczi, S., Thalassa. A theory of geniality. London 1988

Franck, G., Ökonomie der Aufmerksamkeit. München/Wien 1998

Gallese V./Fadigad L./Rizzolatti G., Action recognition in the pemotor cortex. In: Brain 1996, April 119(Pt2)

Gigerenzer, G., Bauchentscheidungen. Die Intelligenz des Unbewussten und die Macht der Intuition. München 2008

Grant, A., Give and Take. A Revolutionary Approach to Success. New York 2013

Grant, A., Geben und Nehmen. Erfolgreich sein zum Wohle aller. München 2013

Han, B.-C., Müdigkeitsgesellschaft. Berlin 2010

Han, B.-C., Psychopolitik. Neoliberalismus und die neuen Machttechniken. Frankfurt a. M. 2014

Hugo von Hoffmannsthal, Buch der Freude. Frankfurt a. M. 1949

Holt-Lunstad, J./Smith, T. B./Layton, J. B., Social Relationships and Mortality Risk. A Meta-analytic Review. In: Public Library of Science, Medicine 7(7), 2010

Kahneman, D., Thinking fast and slow. London 2011

Kramp, W., Vom aufmerksamen Leben. Hamburg 1958

Lévinas, E., Jenseits des Seins oder anders als Sein geschieht. Freiburg i. Br. 1992

Lewis, T./Amini F./Lannon R., A general theory of love. New York 2000

Lévinas, E., Die Spur des Anderen. Untersuchungen zur Phänomenologie und Sozialphilosophie. Freiburg i. Br. 2007

Lindbergh, A. M., Muscheln in meiner Hand. München/Zürich 1990

Lindbergh, A. M. (hrsg. v. E. Piper), Das Schönste von Anne Morrow Lindbergh. München 1992

McTaggart, L., The Field. The Quest for the secret force of the universe. London 2003

McTaggart, L., The Bond. The power of connection. New York/London 2011

Nadolny, S., Die Entdeckung der Langsamkeit. München 2004

Petzold, H., Der »informierte Leib im Polylog«. Ein integratives Leibkonzept für die nonverbale und verbale Kommunikation in der Psychotherapie. In: POLYLOGE. Materialien aus der Europäischen Akademie für psychosoziale Gesundheit 2004

Rosa, H., Beschleunigung – Die Veränderung der Zeitstrukturen in der Moderne. Frankfurt a. M. 2005

Rosa, H., Der vibrierende Draht zum Leben. Titelgeschichte in der Zeitschrift. In: Publik Forum 14/2013

Schreiber, M., Das Gold in der Seele. Die Lehren vom Glück. München 2009

Schwarz B. et al, Maximizing versus satisficing. Happiness is a matter of choice. In: Journal of personality and social psychology, American psychological association, 2002, vol. 83, No. 5

Schwitalla, J., Über einige Weisen des gemeinsamen Sprechens. Ein Beitrag zur Theorie der Beteiligungsrollen im Gespräch. In: Zeitschrift für Sprachwissenschaft 11, 1992

Singer, C., Zeiten des Lebens. Von der Lust, sich zu wandeln. München 1992

Sloterdijk, P., Der ästhetische Imperativ. Schriften zur Kunst. Frankfurt a. M. 2014

Steptoe, A./Roux, A. D., Happiness, social networks and health. In: British Medical Journal 2008

von Knigge, Freiherr A., Über den Umgang mit Menschen. 1788

VorSchein. Jahrbuch der Ernst-Bloch-Assoziation (Nr. 16) Ruf ins Entbehrte. Ernst Bloch und der Expressionismus

Wölfflin, H., Die klassische Kunst. Erstveröffentlichung 1899

Zusätzliche Quellen

Interview mit Peter Sloterdijk in »Die Welt« vom 29.6.2013

Rosa, H., Vortrag vom Kirchentag 2013 »Vom Schweigen der Welt und von der Sehnsucht nach Resonanz«

Das beste Mittel gegen Burnout und Stress im Job

ISBN 978-3-451-61326-5

Den Augenblick bewusst wahrnehmen und voll auskosten. Und im Job? Wenn wir mehrere Arbeitsschritte gleichzeitig tun, ständig erreichbar sein müssen und Überstunden an der Tagesordnung stehen?
Sabine Fries und Gerlinde Albrecht wissen: Achtsamkeit bei der Arbeit hilft, einem Burnout vorzubeugen, und schenkt Kraft, Souveränität und mehr Gelassenheit gegenüber Kunden, Kollegen und Chefs.